法治护航北斗

孙家栋

2021年3月23日

卫星导航法治文库

顾　问｜杨长风

主　编｜杨君琳

北斗卫星导航
法治建设蓝皮书

北京航空航天大学北斗政策法规研究中心／著

法律出版社
LAW PRESS · CHINA
北京

图书在版编目(CIP)数据

北斗卫星导航法治建设蓝皮书 / 北京航空航天大学北斗政策法规研究中心著. -- 北京 : 法律出版社, 2024
(卫星导航法治文库)
ISBN 978-7-5197-9002-8

Ⅰ. ①北… Ⅱ. ①北… Ⅲ. ①卫星导航-导航系统-法规-研究-中国 Ⅳ. ①D922.174

中国国家版本馆 CIP 数据核字(2024)第 071016 号

北斗卫星导航法治建设蓝皮书
BEIDOU WEIXING DAOHANG FAZHI JIANSHE LANPISHU

北京航空航天大学北斗政策法规研究中心 著

责任编辑 慕雪丹 章雯
装帧设计 汪奇峰 鲍龙卉

出版发行 法律出版社
编辑统筹 法商出版分社
责任校对 赵明霞
责任印制 胡晓雅
经　　销 新华书店

开本 710 毫米×1000 毫米 1/16
印张 12　**字数** 181 千
版本 2024 年 6 月第 1 版
印次 2024 年 6 月第 1 次印刷
印刷 唐山玺诚印务有限公司

地址:北京市丰台区莲花池西里 7 号(100073)
网址:www.lawpress.com.cn
投稿邮箱:info@lawpress.com.cn
举报盗版邮箱:jbwq@lawpress.com.cn
销售电话:010-83938349
客服电话:010-83938350
咨询电话:010-63939796

书号:ISBN 978-7-5197-9002-8
定价:69.00 元

凡购买本社图书,如有印装错误,我社负责退换。电话:010-83938349

卫星导航法治文库

序

“法者,治之端也”。一流的科技发展离不开一流的法治保障。卫星导航系统建设应用是一项庞大的复杂系统工程,涉及科技、国防、网络等诸多领域,关联国内国际两个大局,这为构建中国卫星导航法治体系赋予了大战略意义。

自1994年北斗系统立项启动以来,相关法规制度建设不断加强,特别是围绕《中华人民共和国卫星导航条例》的起草,北斗法治建设与理论研究从无到有,取得重大进展。但我们也要看到,北斗法治建设与科技进步相比,治理理念的嬗变、法规制度的健全、运维模式的变革则是一个更加漫长的过程。随着北斗迈入服务全球的新时代,迫切需要中国北斗人补足法治短板,推动北斗循法而行、依法而治,有效应对挑战、化解风险,促进北斗在法治轨道上向更高层次发展。

他山之石,可以攻玉。美、俄、欧制定了一系列规范卫星导航活动的法律法规。美国不仅有全球最早的卫星导航系统,也早已配套建立了比较完善的卫星导航法律制度。俄罗斯格洛纳斯系统、欧盟伽利略系统,也有较为完备的政策制度体系支撑,并依据发展战略的调整不断更新。规则与技术同行,为促进美、俄、欧全球卫星导航系统安全建设、高效发展和全球推广,为维护卫星导航活动中的国家安全、公共利益和各类主体合法权益提供了不可替代的法律保障。借鉴国外卫星导航法律制度的成功经验,对于推动北斗系统更好发展,进一步夯实法治北斗的制度之基,具有十分重要的意义。

呈现在读者面前的这套卫星导航法治文库，正是力图解决上述问题的有益探索。北京航空航天大学北斗政策法规研究中心杨君琳研究团队历时四年完成的这套文库是中国卫星导航法治领域的重要成果，对于推动法治实践和学术研究具有重要意义。该套文库顺应世界多极化、经济全球化趋势，通过对美、俄、欧盟卫星导航系统法规与政策的研究分析，为我们立足本国国情，更好地推动构建科学完备中国卫星导航法治体系具有重要的参考价值。

一方面，该套文库把握法治建设时代潮流，洞察卫星导航法律制度发展规律。我国卫星导航系统的发展既要坚持独立自主，又要在应用、技术、后续发展等方面积极开展对外合作，相关法治保障需求极大，也更加需要在把握卫星导航法律制度发展规律的基础上，形成有中国特色的卫星导航法治体系。该套文库资料翔实，系统研究了卫星导航的管理体制机制，建设运维、应用发展、国际合作、安全保护法律制度等，比较分析美、俄、欧卫星导航政策法规的各自特色，在此基础上探讨卫星导航未来立法工作的总体思路和工作要点，以期为构建科学合理的卫星导航法治体系提供理论支撑。

另一方面，该套文库坚持全球视野和开放思维，从战略层面把握卫星导航立法特点，为完善卫星导航国际规则提供中国方案。当前，百年变局与世纪疫情叠加，大国竞争日趋激烈，越来越体现为制度、规则、法律之争。从建设伊始，北斗系统就把向全球提供更好的服务作为追求目标。与之配套，我们应当也必然要为世界卫星导航规则的重塑和变革贡献中国智慧。目前，卫星导航国际规则尚不完善，卫星导航技术的快速发展和应用，与现行国际法规则之间存在一定脱节。该套文库为我们在构建人类命运共同体理念下提出卫星导航国际规则的中国方案，积极探索构建公正合理的卫星导航国际秩序提供了研究基础。

目前，国内关于卫星导航和法治两方面的研究成果均非常丰富，但是围绕卫星导航法治的研究却非常欠缺，研究成果甚少。自承担《中华人民共和国卫星导航条例》研究起草工作以来，杨君琳研究团队在中国卫星导航系统管理办公室的支持指导下，一直致力于卫星导航法律专题问题研究，不断开拓中国卫星导航法治研究的新领域。对他们积极倡导法治北斗、推动中国卫星导航法治建设所取得的成绩，我表示由衷赞赏。当下正是中国卫星导航产业转型的关键时期，政策制度研究任重道远。在此，我愿杨老师团队“情系北斗，胸怀家国”，在推动法治北斗的道路上不断前行、勇攀高峰。

是为序。

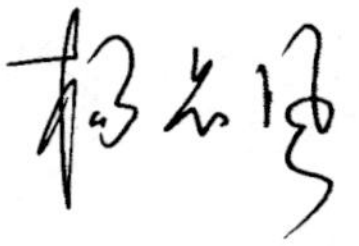

2022 年 6 月

目 录

Contents

北斗卫星导航系统(以下简称北斗系统)是中国着眼于国家安全和经济社会发展需要,自主建设、独立运行的卫星导航系统。1994年,中国启动北斗重大专项,开始研制发展独立自主的卫星导航系统,开创了有别于世界其他卫星导航系统的设计思路和建设进路,确立了北斗系统的“三步走”发展战略;2000年年底,建成北斗一号系统,采用有源定位体制服务中国;2012年年底,建成北斗二号系统,向亚太地区提供服务;2020年,北斗三号系统正式建成开通,面向全球提供全天候、全天时和高精度定位、导航与授时服务,标志着北斗系统“三步走”发展战略圆满完成。北斗系统是中国实施改革开放40余年来取得的重要成就之一,是中国从发展中的大国走向现代化强国的标志性成果,也是中国政府和人民为世界和平与发展贡献的中国智慧和中国方案。

北斗卫星导航法治(以下简称北斗法治)建设因北斗而生、伴北斗成长、助北斗强大。30年来,北斗法治建设积极适应北斗管理体制、工程建设、应用推广、产业发展的新进展、新变化,主动作为、深度融入,有力地保障了北斗系统从无到有、从有到优、从区域到全球、从工程建设到产业培育与规模应用的历史性进步、跨越式发展。目前,以国家政策法规为主导、行业政策法规为主干、地方政策法规为辅助、涉外政策法规相配套的北斗政策法规制度体系已基本形成,法治实施工作深入推进,法治环境不断改善,法治建设对北斗系统规模应用的市场化、产业化、国际化发展的重要性日益显著。建设中国的北斗、世界的北斗、一流的北斗,离不开法治的北斗。展望未来,新时代的北斗系统进入全球化发展新阶段,更需要北斗法治在更广的范围、更深的程度、更高的层次上为北斗系统健康长远发展提供最稳定、最可靠、最有效的保障。

本书回顾了近30年来北斗法治建设的发展历程,梳理了北斗法治建设的现状与成效,总结了北斗法治建设的经验与不足,提出了新时代北斗法治建设新愿景,旨在使北斗法治建设温故知新、继往开来,保障中国卫星导航事业砥砺前行、再创辉煌谱写新的篇章。

第一篇　北斗法治发展历程

近30年来,从北斗一号到北斗三号,从覆盖亚太到服务全球,从北斗系统工程建设到北斗规模应用发展,北斗法治建设与北斗系统"三步走"发展战略紧密衔接、同频共振,先后经历了开局奠基、创新开拓、快速发展三个大的阶段。

一、开局奠基阶段(1994—2003年)

1994—2003年是建设北斗一号系统的阶段,也是北斗法治建设的开局奠基、探索起步阶段,这一时期北斗系统建设的突出特点是填补空白、覆盖国内、以建为主。北斗法治根据工程建设需要,以促进卫星导航系统创新技术发展,保障北斗系统的研发、建设为主要内容,处于发展初期。

20世纪90年代初,国际局势复杂多变,拥有自主可控的卫星导航系统成为世界大国的重要标志、成为大国竞争的科技制高点。卫星导航系统成为各国实力竞争的战略重点。美国GPS从20世纪70年代开始研制,历时20余年,耗资200余亿美元,于1994年全面建成。1995年,美国国防部宣布GPS具备全面运行服务的能力。1995年,俄罗斯自主建设的全球卫星导航系统——格洛纳斯系统正式开通运行,并于1996年1月完成了24颗工作卫星和1颗备份卫星的部署。为了摆脱在卫星导航领域受制于人的被动局面,确保我国时空信息安全,党中央、国务院、中央军委决策建设中国人自己的全球卫星导航系统——北斗一号系统。1994年,北斗一号系统建设正式启动。2000年,发射2颗地球静止轨道(GEO)卫星,北斗一号系统建成并投入使用。2003年,又发射了第3颗地球静止轨道(GEO)卫星,进一步增强系统性能,北斗一号系统的建成,迈出了我国在卫星导航领域开创性的第一步,初步满足了中国及周边区域的定位、导航、授时需求,实现了中国自主卫星导航系统从无到有"零的突破",是卫星导航领域重要的里程碑式成果,标志着中国迈入拥有自主卫星导航大国俱乐部。

这一阶段,国家主要通过出台政策、发布规划等方式,对我国卫星导航相关技术创新、基础设施建设、产业培育、行业应用等作出引导规范,虽然没有制定专门针对卫星导航的政策法规,但相关领域的政策规范客观上为安全、高效地开展北斗卫星的技术创新、研制发射、基础设施保护、空间活动管理等奠定制度基础,开启了有益探索。

(一)国家政策引领北斗系统建设

国家通过制定发展规划、出台宏观政策,鼓励卫星导航技术研发和国家空间信息基础设施建设应用,对北斗系统技术研发和基础设施发展起到引领推动作用。如1999年,原国家发展计划委员会、科学技术部联合印发了《关于印发当前优先发展的高技术产业化重点领域指南(1999年度)的通知》(计高技〔1999〕827号),作为引导高技术产业发展的指导性文件,首次将"卫星导航定位系统"列为高科技领域目录以及卫星通信领域的产业化重点,有利于引导资源力量投向该领域,助推卫星导航新兴技术发展。此外,国家在空间信息基础设施建设等相关顶层政策文件中对"我国卫星定位系统"的研制论证、基础设施建设、应用产业发展作出前瞻部署,为促进包括北斗系统在内的我国国家空间信息基础设施建设和应用发展创造了有利条件。

(二)行业政策引导卫星导航以建带用

一方面,国家通过制定鼓励外商投资相关领域的政策,出台了《关于印发当前优先发展的高技术产业化重点领域指南(1999 年度)的通知》《外商投资产业指导目录》(1995)等政策,为我国卫星导航建设和发展引进急需的资金和技术。另一方面,通过制定相关政策加强对产业安全的保障,在《外商投资产业指导目录》(1997)中限制外商投资卫星导航定位接收设备及关键部件(不允许外商独资),以保护产业的关键核心部位自主可控,维护我国卫星导航产业链安全。同时,交通、农业等领域的规章政策为包括北斗系统在内的卫星导航定位技术应用提供了制度保障。此外,我国出台了《关于组织实施卫星导航应用产业化专项的公告》等组织实施卫星导航应用产业化专项的政策制度,通过产业政策和资金的引导、支持,促进我国卫星导航技术在国民经济和社会发展中的应用,培育一批导航应用产业的核心骨干企业,开发和掌握导航的核心技术,为卫星导航应用产业发展创造良好的环境,为卫星导航应用产业发展提供技术支撑及物质基础,推动建设导航电子地图等一批卫星导航应用示范工程,初步推动卫星导航应用走向产业发展轨道。

(三)探索规则化的北斗国际合作

从北斗系统建设之初,我国就高度重视各种国际规则制度、各类国际组织标准的掌握运用,确保北斗系统在遵循国际规则、符合国际标准的要求下建设发展。1994 年,在国际电信联盟的框架下,根据国际电信联盟《无线电规则》,我国启动北斗系统的频率协调工作。根据系统建设规划和进展,按国际规则申报北斗系统卫星网络资源,分阶段、有步骤、有重点地开展国际频率协调工作。同时,基于北斗一号建设成果和扩展服务能力需要,与俄罗斯 GLONASS 等其他导航系统探讨合作可能,先后开展了多轮中俄卫星导航合作会谈,加强卫星导航双边交流合作。

二、创新开拓阶段(2004—2012 年)

2004—2012 年是建设北斗二号系统工程的阶段,也是北斗法治建设的创新开拓、配套发展阶段,这一阶段北斗系统建设的主要特点是从有到优、服务亚太、建用结合,北斗法治积极适应这一新形势新要求,陆续研究出台了一系列发展卫星导航产业的专门政策,各领域、各部门相继出台了卫星导航的相关政策制度,北斗法治建设在探索中加快发展。

这一阶段,全球各大卫星导航系统进入升级更新发展阶段:美国 1997 年至 2009 年对 GPS 进行更新升级,共发射 23 次,包含 Block ⅡR 卫星和 Block ⅡRM 卫星,替换了临近退役卫星,更新并升级卫星功能;随着俄罗斯经济的好转,俄罗斯制定了"拯救格洛纳斯系统补星计划",并于 2001 年开始投入大量资金对系统进行现代化改造,至 2011 年,星座在轨运行卫星达到 24 颗,恢复了全球服务能力;欧盟伽利略系统于 2001 年年初进入开发与验证阶段,2010 年左右完成第一颗卫星发射、建立第一批地面基础设施以及验证在轨系统所需的所有工作和操作,同时于 2008 年进入部署阶段,全面开启空间和地面基础设施建设。为加快建设我国自主可控的、具有较高水平的卫星导航系统,我国于 2004 年批准启动北斗二号系统工程建设;2012 年年底,完成了 14 颗卫星(5 颗地球静止轨道卫星、5 颗倾斜地球同步轨道卫星和 4 颗中圆地球轨道卫星)发射组网,建成北斗二号系统,面向亚太地区提供无源定位服务,这是北斗系统发展的新起点。

这一时期我国卫星导航活动日益频繁,卫星导航应用和产业开始飞速发展。与之相适应,北斗政策法规建设实现了创新开拓,各行业各地区各部门的配套政策制度纷纷出台,进入了保障北斗二号系统建设和培育北斗产业并举阶段。从政策制度的内容来看,从纳入综合性规划政策到制定卫星导航专门的政策,再到制定卫星导航配套的行业应用政策,国家政策制度对卫星导航发展的支撑日益增强。在这些配套政策法规的支撑下,北斗二号系统如期建设完成,正式提供区域服务,在气象、海洋、国土、测绘、农业、林业、水利、交通、城乡建设、环境减灾等应用领域得到了推广应用。从政策制度的数量来看,各领域、各部门相继出台了卫星导航的相关创新政策制度,共计150余部,其中卫星导航相关法律共2部,行政法规共7部,地方性法规共11部,部门规章共10部,地方规章共13部,政策性文件共107部(见图1)。这为北斗系统第二步的建设、服务、应用和产业发展等任务的完成提供了有力的政策制度支持。

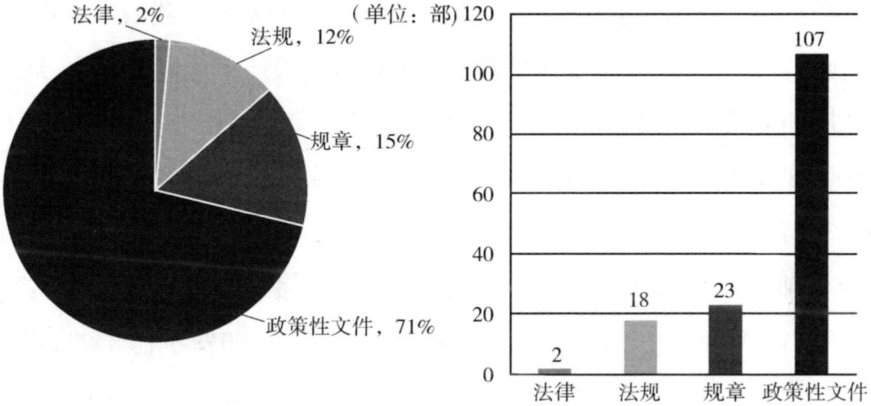

图1　2004—2012年我国发布的卫星导航相关政策法规数量及占比

(一)国家顶层确立北斗发展战略

这一阶段,国家确立了北斗系统建设发展战略,为系统建设提供了宏观政策指引,特别是国务院于2005年发布的《国家中长期科学和技术发展规划纲要(2006—2020年)》(国发〔2005〕44号),将北斗系统列为16个重大专项之一,明确了北斗系统在国家科技发展中的战略地位,明确了建设发展北斗系统的战略目标,为北斗系统的建设发展起到强有力的政策保障和引领作用。为推动该纲要的贯彻实施,中央和地方出台了一些推动卫星导航技术研发和产业发展的财政税收政策,起到了相应的激励作用。如2010年发布的《财政部、科技部、国家发展改革委、海关总署、国家税务总局关于科技重大专项进口税收政策的通知》(财关税〔2010〕28号),制定了《科技重大专项进口税收政策暂行规定》,为包括北斗系统工程在内的国家重大专项科技专项提供税收优惠政策。这些财政税收政策,有利于营造激励自主创新的环境,有利于扶持北斗系统重大工程的研究开发。

(二)行业政策密集出台促进建用并举

这一时期,随着北斗卫星导航技术的逐步发展和服务性能的不断提高,测绘、交通运输、防灾减灾等行业领域的卫星导航相关政策也陆续出台,通过在用户段促进卫星导航技术发展,极大地促进了卫星导航行业应用的发展。原国家测绘地理信息局、国家标准化管理委员会、科学技术部、原国土资源部、原信息产业部、原国防科学技术工业委员会、国家发展改革委等国务院部门纷纷出台各行业发展规划,将卫星导航列为重大科技工程、前沿技术和重点建设领域,以加快卫星导航技术的研发。如《科学技术部关于印发导航与位置服务科技发展"十二五"专项规划的通知》(国科发高〔2012〕901号)、《国家发展改革委办公厅、财政部办公厅关于组织实施卫星及应用产业发展专项的通知》(发改办高技〔2012〕895号)等政策规划,为卫星导航应用产业发展提供技术支撑及物质基础,为卫星导航应用产业发展创造良好的环境,有力推动卫星导航应用规模的扩大和产业基础的形成。

(三)地区政策配套跟进推动产业发展

内蒙古、福建、上海、吉林、新疆、广东、宁夏、浙江、贵州、陕西、河南等地方,先后发布了相关法规政策文件,规定民用航空交通、用于道路运输经营的载客汽车和危险货物运输的专用车辆、校车、重型载货汽车、半挂牵引车、在特定水域从事渔业的渔船等,应安装使用具有行驶记录功能、符合国家标准的卫星定位监控系统车载终端设备和影像设备,并且对可能破坏交通工具上的导航系统的行为作出惩罚规定。分别围绕道路交通运输、信息服务业、防灾减灾、工业发展规划、战略性新兴产业、测绘地理信息等领域印发“十一五”“十二五”规划，对卫星导航系统在各领域中的应用发展作出了专门安排，推动卫星导航产业发展纳入高新技术、新兴产业、创新示范区发展的系列政策中。如《北京市经济信息化委员会关于印发〈北京市推进北斗导航与位置服务产业发展实施方案〉的通知》（京经信委发〔2012〕130 号）、《陕西省“十二五”卫星应用产业发展专项规划》（陕发改高技〔2011〕751 号）等，极大地促进了各地区卫星导航应用的发展。

（四）国际合作政策加快北斗走出去步伐

这一时期，我国积极务实开展卫星导航国际合作与交流，积极推动北斗系统与其他卫星导航系统在系统建设、应用等各领域开展全方位合作与交流，加强兼容与互操作，实现资源共享、优势互补、技术进步。中国积极参与卫星导航国际事务，参加联合国全球卫星导航系统国际委员会（ICG）以及有关国际组织活动，促进学术交流与合作，贡献北斗力量，推动卫星导航应用。中国高度重视并积极参加联合国工作，2012 年成功主办 ICG 第七届大会，积极推动北斗系统进入国际民用航空组织、国际海事组织、移动通信国际标准组织等，并鼓励企业、科研院所和高校参与卫星导航终端和应用标准的制定。推动北斗系统与美国 GPS、俄罗斯 GLONASS、欧盟 GALILEO 等卫星导航系统开展多轮技术交流与协调。2012 年，中国和巴基斯坦在卫星导航领域的合作事宜进行首次政府间会谈，就合作范围、沟通渠道、工作机制等进行了磋商和交流，并签署了会谈备忘录，确定了中国和巴基斯坦卫星导航领域政府间的合作渠道和沟通机制，探讨了在北斗民用应用演示和推广、监测设施建设、培训和人才培养、民用应用技术研发等领域的合作机会。

三、快速发展阶段（2013—2022 年）

2012—2022 年是北斗三号全球卫星导航系统全面建成的阶段，也是北斗法治建设的快速推进、全面发展阶段。这一阶段北斗系统建设的突出特点是服务全球、规模应用、三化（市场化和产业化以及国际化）发展，北斗法治紧紧围绕工程建设发展和推广应用需要聚焦发力，我国卫星导航政策法规建设开创全新的局面，政策法规发布进入高峰期，发布数量之多、频率之高、规范内容之全、所涉部门之众、覆盖行业之广都是前所未有的，北斗法治建设全面快速推进。

这一阶段世界各大卫星导航系统纷纷实现能力升级拓展，全球卫星导航领域竞争日益激烈：2010 年至 2016 年为美国 GPS 全面现代化阶段，共发射 12 颗 Block ⅡF 卫星，逐步替换旧代卫星，修正了前几代卫星存在的缺点，全面提升了卫星信号的抗干扰能力；[①]2011 年后，俄罗斯持续投入资金，用于卫星数保持、新卫星研制、地面设施改造以及用户设备和导航地图更新等，截至 2021 年 9 月，格洛纳斯系统共有 26 颗在轨卫星；[②]2016 年 12 月，欧盟委员会宣布伽利略系统的基本服务投入运营；2018 年，4 颗在轨验证卫星和 18 颗完全运营能力卫星完成了其星座组网。为抢占卫星导航领域国际制高点，建设与我国大国地位相适应、与我国经济社会发展和国防建设需要相匹配的国际一流卫星导航系统，我国于北斗二号系统建成后，果断决策启动北斗三号系统建设，2015 年 3 月，首颗北斗三号系统试验卫星发射；2018 年 12 月，完成 19 颗卫星基本星座部署；2020 年 6 月，由 24 颗中圆地球轨道卫星、3 颗地球静止轨道卫星和 3 颗倾斜地球同步轨道卫星组成的完整星座完成部署；2020 年 7 月，北斗三号系统正式开通全球服务，“中国的北斗”真正成为“世界的北斗”。国家主席习近平在向首届北斗规模应用国际峰会致贺信中明确指出，自北斗三号全球卫星导航系统开通服务以来，北斗系统在全球一半以上国家和地区推广使

---

① 杨长风、陈谷仓、郑恒等：《北斗卫星导航系统智能运行维护理论与实践》，中国宇航出版社 2020 年版，第 12 页。

② 杨长风、陈谷仓、郑恒等：《北斗卫星导航系统智能运行维护理论与实践》，中国宇航出版社 2020 年版，第 19 页。

用,北斗规模应用进入市场化、产业化、国际化发展的关键阶段。自此,我国卫星导航事业站上了新起点,迈向了新征程,对北斗法治建设提出了更高要求,赋予了更大使命。

这一阶段我国北斗政策法规建设发展迅猛,从数量上看,据不完全统计这一期间我国卫星导航相关政策法规发布总数量高达1400余部,在全国范围内平均每年发布卫星导航政策法规达百部以上,是第二发展阶段发布数量的9倍左右,是第一发展阶段发布数量的70余倍。特别是《卫星导航条例》这一专项法规开始研究起草,为北斗二号系统的持续稳定运行服务和北斗三号系统的建设组网提供了必要的政策保障。

(一)法律法规陆续出台提供良好发展环境

这一时期,多个领域涉及卫星导航的法律逐步更新、嵌入式立法取得成效,交通、测绘等领域的法律明确了保护卫星导航设施、维护卫星导航安全的相关规范。《国防法》《测绘法》等就其规范领域的卫星导航事项作出规定。[①] 涉及卫星导航的法规和规章也陆续颁布,截至2022年12月,涉及卫星导航的行政法规12部,地方性法规140部,集中于道路交通、民航、测绘地理等行业和无线电管理方面。同时,国家积极稳妥推进北斗专项立法。2016年国务院办公厅发布《关于印发国务院2016年立法工作计划的通知》,提出由中央军委装备发展部起草"卫星导航条例",拟由国务院、中央军委联合发布,作为我国卫星导航领域的专门顶层法规,指导卫星导航系统建设运维、应用推广、安全保障和国际合作,为卫星导航发展提供制度保障,充分彰显了中国以法治来保障北斗系统可持续发展的信心和决心。

---

① 杨君琳等:《我国卫星导航产业政策现状与转型发展》,载《中国工程科学》2021年第23卷第2期。

(二)国家政策围绕北斗规模应用集中发力

这一阶段卫星导航政策法规质量同步提高,相关政策法规制定的针对性、规范性、全面性等随着数量增长不断提升,多部对北斗应用推广具有重大指导意义的国家政策文件相继出台,特别是2013年9月26日,国务院办公厅制定发布的《国家卫星导航产业中长期发展规划》,这是我国首部专门规范卫星导航产业的专项规划。2021年第十三届全国人大第四次会议通过《国民经济和社会发展第十四个五年规划和2035年远景目标纲要》,提出实施北斗产业化重大工程,为"十四五"期间北斗规模应用和产业发展进一步指明了方向。国家还在相关战略规划中聚焦北斗应用推广和产业培育采取多项措施,为北斗应用发展提供了宏观政策指引。

北斗系统发展相继纳入国家国防建设与经济建设协调发展战略、信息化发展战略、对外开放总体战略、区域发展战略、乡村振兴战略等重大战略部署,明确了北斗系统建设在国家安全和发展战略布局中的重要地位,为北斗系统发展提供了根本保障。如2016年中共中央办公厅、国务院办公厅印发《国家信息化发展战略纲要》将北斗卫星导航系统纳入天地一体化信息网络战略。2016年,中共中央、国务院发布《国家创新驱动发展战略纲要》将导航和位置服务等技术开发列为国家重大战略任务,将北斗卫星导航融入国家创新驱动发展战略统筹推进。此外,北斗系统发展还被纳入数字中国战略、数字乡村战略等。其次是与地区战略的融合。2019年,中共中央、国务院印发《长江三角洲区域一体化发展规划纲要》提出要"支持北斗导航系统率先应用,建设南京位置服务数据中心",将其作为重点领域智慧应用予以推动,以建设数字长三角。同年,中共中央、国务院印发《粤港澳大湾区发展规划纲要》,提出推动包括北斗卫星应用在内的重点领域培育一批重大产业项目,以构建具有国际竞争力的现代产业体系。此外,北斗系统还被纳入行业发展战略,如2020年,国家发展改革委、中央网信办、科技部等部门印发《智能汽车创新发展战略》,指出要“开展军民联合攻关，加快北斗卫星导航定位系统、高分辨率对地观测系统在智能汽车相关领域的应用”，利用北斗定位导航和授时服务建设覆盖全国的车用高精度时空基准服务能力，助力智能汽车发展。2022年，工业和信息化部印发《关于大众消费领域北斗推广应用的若干意见》，在更大范围、更深程度为大众消费领域北斗产业持续健康发展提供指引，促进北斗产业创新发展、拉动信息消费、助力数字经济发展。

（三）行业政策着眼深化运用大幅拓展

国家各有关部门结合行业和领域发展特点，在交通运输、农林渔业、水文监测、气象测报、通信授时、电力调度、救灾减灾、公共安全等行业和领域相继出台了一大批促进北斗系统产业化应用推广的政策法规，使北斗系统得到广泛的普及应用，产生了显著的经济和社会效益。比如，《农业部办公厅、财政部办公厅关于印发〈2013年农业机械购置补贴实施指导意见〉的通知》《国家测绘地理信息局关于北斗卫星导航系统推广应用的若干意见》《工业和信息化部关于印发信息通信行业发展规划（2016—2020年）的通知》等，有力推动卫星导航在各行各业的推广应用、为其赋能。

除了保障北斗系统在传统行业充分运用外，北斗系统与大数据、物联网、人工智能等新兴技术深度融合，取得了可喜成效，催生“北斗+”和“+北斗”新业态，支撑经济社会数字化转型和提质增效，让人民生活更便捷、更精彩。比如，2015年出台的《国务院关于积极推进“互联网+”行动的指导意见》提出要加强互联网与北斗系统的融合，增强北斗卫星全球服务能力，构建天地一体化互联网络；除了在大数据、互联网领域融合应用以外，北斗系统还被应用于公共服务平台建设、智慧城市、智慧林业、精准农业以及粮食安全等领域。

（四）地方政策聚焦产业发展数量再创新高

这一时期，各省、自治区、直辖市结合本地区位优势和区域发展战略，出台了大量涉及北斗系统应用的政策法规。从地方政策的发布数量来看，截至2022年12月，有31个省、自治区、直辖市共发布涉及卫星导航的地方政策1000余部，其中地方性法规共140部，地方政府规章44部，地方政策971部。从地方政策的发布时间来看，卫星导航相关的地方政策在2013—2020年呈爆发式增长，这与2013年发布的《国家卫星导航产业中长期发展规划》的规划周期相吻合，充分表明了卫星导航领域的国家专项宏观政策对地方相关政策的引领作用。

从地方政策发布的内容上看，一是明确了产业发展的指导思想、发展原则和发展目标。如北京市提出要打造全国最具影响的北斗产业聚集区，建成国际水平的导航与位置服务应用示范城市，为2020年形成千亿元量级的产业打好基础。广西壮族自治区提出到2020年形成年产100万台(套)导航终端和芯片制造能力，北斗导航产业实现年销售收入超过100亿元。江西省的目标是到2020年全省北斗产业主营业务收入达到400亿元。长沙市力争到2020年，形成一个新的千亿级产业集群。

二是提出了重点任务或重大工程。例如，湖北省将加快北斗应用芯片的研发和智能终端产品制造，加强基础设施建设，大力开拓信息消费领域。陕西省将建立北斗卫星导航应用综合服务平台。天津市则将重点放在了北斗卫星导航定位地面增强系统的建设上，并要求在公安消防、政务资源信息共享、测绘、交通运输、航道管理和城市管理等行业中开展示范应用。河北省要求按照国家部署，做好国家规划确定的基础工程、创新工程、安全工程和大众工程等重大工程的落地实施，为国家卫星导航基础设施的布局落户提供相关条件。

三是提出了发展思路。广东省提出要实现全省重点行业和关键领域普遍应用北斗系统，推动广东省卫星导航产业向价值链高端拓展，支撑国家北斗战略的实施。湖北省提出了统筹规划北斗产业发展，建设北斗产业园，加快北斗应用示范建设，扶持企业做大做强，促进北斗产业科技创新，加大人才引进培养力度，加强国际交流合作，规范北斗产业市场秩序八项思路。贵州省明确要求将北斗综合应用示范项目列为加快该省经济社会发展的重大项目，将北斗卫星导航产业培育成能带动该省未来发展的一个支撑产业。

四是提出了保障措施。主要包括：建立领导协调机构或机制，例如，陕西省成立了北斗卫星应用示范工作领导小组；加强政策法规和标准建设；加强政府在财政、资金、税收、土地等方面的支持力度；拓宽企业投融资渠道，鼓励企业上市融资和发行债券，加大对相关企业的信贷支持力度；加大知识产权保护力度，鼓励企业技术创新；加强人才引进和培养工作；扩大国际交流与合作；规范市场秩序，营造有利于企业发展的环境与氛围。

（五）涉外法治助推北斗全球服务能力全面提升

从亚太走向全球是北斗系统第三步发展的重要目标，进入第三步以来，除了继续对系统建设运维、技术发展以及产业发展进行保障外，相关法律法规还大幅拓展了国际合作方面的内容。如《国家测绘地理信息局关于印发2015年测绘地理信息工作要点的通知》提出要加强国际交流合作，推动测绘遥感卫星、北斗、“天地图”及其他自主技术和产品“走出去”；《国家民用空间基础设施中长期发展规划（2015—2025年）》提出在推进空间基础设施重大应用的国际化服务和应用的过程中，要发挥市场对资源配置的决定性作用，形成政府引导、部门协同、社会参与、国际合作的多元化开放发展格局；《中国对阿拉伯国家政策文件》提出要通过北斗卫星导航和卫星地面站的建设助力阿拉伯国家铁路、公路、港口、航空、电力、通信等基础设施建设，并推进北斗系统落地阿拉伯国家。

这一阶段，我国还建立卫星导航多双边合作机制，持续开展兼容与互操作协调，与其他国家就卫星导航系统和星基增强系统开展合作与交流，促进各卫星导航系统的共同发展。我国与美国、欧盟和俄罗斯等卫星导航国家就系统兼容和互操作、频谱保护、干扰监测和减轻等方面签订了一系列协议，在中俄总理定期会晤委员会框架下，成立了中俄卫星导航重大战略合作项目委员会；

签署了中俄政府间《关于和平使用北斗和格洛纳斯全球卫星导航系统的合作协定》《北斗和格洛纳斯系统兼容与互操作联合声明》《和平利用北斗系统和格洛纳斯系统开展导航技术应用合作的联合声明》等成果文件[①]，并均已生效；建立中美卫星导航合作对话机制，签署了中美《信号兼容性和互操作性联合声明》；中欧兼容与互操作工作组开展多轮会谈等。

为有力支撑北斗走出去和国际合作，全面提升我国卫星导航产业标准化、规范化发展水平，我国始终把技术标准体系建设摆在突出位置，《国务院办公厅关于印发国家标准化体系建设发展规划（2016—2020 年）的通知》，专门就北斗导航设备与系统的标准化工作作出规划、提出要求，并强调推动优势标准转化为国际标准，进一步提升国际竞争力。北斗三号系统工程启动建设以来，北斗标准建设突飞猛进，形成了包括团体标准、行业标准、国家标准和国际标准在内的相互衔接、覆盖全面、科学合理的应用标准体系，有力推动北斗产业优化升级。同时，积极参与国际组织主导的技术和标准研究制定，持续推动北斗系统进入民航、海事、移动通信、搜救卫星、电工委员会等国际组织相关标准，获得国际组织认可。

① 中国卫星导航系统管理办公室：《中俄签署和平利用北斗系统和格洛纳斯系统开展导航技术应用合作的联合声明》，载北斗卫星导航系统官网 2015 年 12 月 18 日，http://www.beidou.gov.cn/zt/gjhz/201710/t20171021_4321.html。

第二篇　构建北斗政策法规制度体系

善治必需良法，多年来，国家高度重视北斗政策法规制度建设，通过政策法规引导规范保障北斗系统建设发展。据初步统计，截至 2022 年 12 月，关于我国共发布了相关北斗卫星导航政策法规 1547 部，其中，涉及卫星导航相关的法律共计 7 部，行政法规 12 部，地方性法规共 140 部，部门规章 76 部，地方政府规章 44 部，政策性文件 1268 部（包括中央及国务院、各部门、各地方发布的政策文件）（见图 2）。目前已经基本形成以国家政策法规为主导、以行业政策法规为主干、以地方政策法规为辅助，以涉外政策法规相配套的北斗政策法规制度体系。这一体系建设重大成果来之不易，是近 30 年来我国各领域各部门各地方持续推进卫星导航领域建章立制的智慧结晶，是北斗系统建设发展的一个重要标志性成果，为北斗规模应用市场化、产业化、国际化发展及国家综合定位导航授时体系建设提供了坚强有力制度保障，对于我国卫星导航事业发展具有重大而深远的意义。

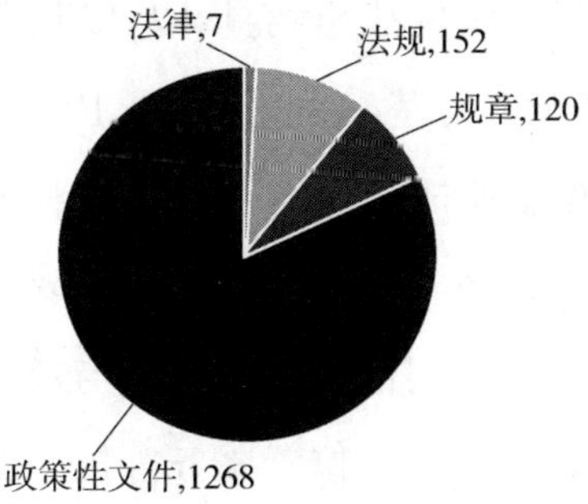

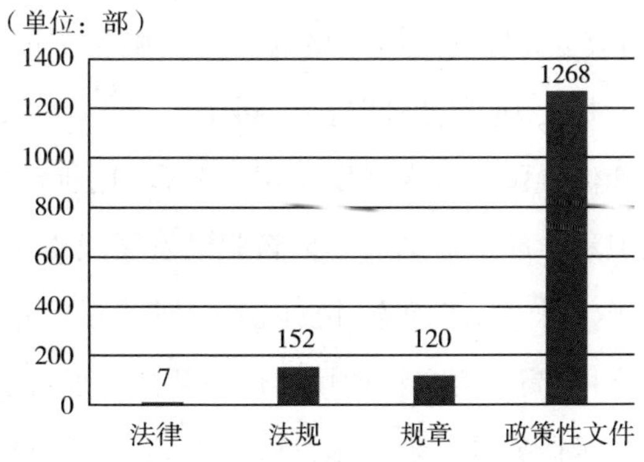

图 2　我国发布的卫星导航相关政策法规数量

一、国家政策法规为主导

北斗系统是国家级重大工程和战略性基础设施，事关国家安全领域和经济社会运行，推进这项工程，需要调集各方力量、汇集各类资源、合力攻坚克难，在国家战略的统筹下体系化推进。只有充分发挥我国社会主义制度集中力量办大事的政治优势，才能高质量、高速度、高效益地推进工程建设。近30年来，党中央、国务院、中央军委对北斗系统建设高度重视，摆在优先发展位置，先后通过纳入重大战略、列入国家中长期规划、制定专项发展规划、完善相关法律法规、推动卫星导航领域专项行政法规等多种形式举措引领保障系统建设，形成了国家政策法规为主导的北斗政策法规制度体系发展格局。

（一）国家重大战略

中央和国家的重大战略中部署了卫星导航事业发展的重点事项，卫星导航事业发展得以融入国家相关重大战略中，实现与国家重点发展事业的融合协同发展。

一是融入创新驱动发展战略。党的十八大提出实施创新驱动发展战略，强调科技创新是提高社会生产力和综合国力的战略支撑，必须摆在国家发展全局的核心位置。这是中央在新的发展阶段确立的立足全局、面向全球、聚焦关键、带动整体的国家重大发展战略。2016年5月，中共中央、国务院发布《国家创新驱动发展战略纲要》，明确实施创新驱动发展战略的具体战略任务之一是大力提升空间进入、利用的技术能力，完善空间基础设施，推进卫星导航和位置服务技术开发应用，完善应用创新链和产业链。该纲要的印发将发展卫星导航事业纳入了创新驱动发展战略大局。2016年7月28日，国务院印发了《“十三五”国家科技创新规划》，要求开展全球空间信息精准获取与定量化应用、高精度全物理场定位与智能导航、泛在精确导航与位置服务等核心关键技术研究及示范应用，这为“十三五”期间推动卫星导航事业创新驱动发展提供了规划引领。

二是融入国家信息化发展战略。党的十八大以来,党中央、国务院高度重视网络安全和信息化工作,成立了中央网络安全和信息化领导小组。2016年7月,中共中央办公厅、国务院办公厅印发了《国家信息化发展战略纲要》,制定了分"三步走"实现建设网络强国的国家信息化发展战略总目标。其中,《国家信息化发展战略纲要》明确要求应大力增强信息化发展能力,增强空间设施能力。"围绕通信、导航、遥感等应用卫星领域,建立持续稳定、安全可控的国家空间基础设施",并把"统筹北斗卫星导航系统建设和应用,推进北斗产业化和走出去进程"作为能力建设的重点举措。《国家信息化发展战略纲要》的印发推动卫星导航事业纳入了国家信息化发展战略大局。2016年12月,国务院常务会议审议通过了《"十三五"国家信息化规划》。该规划将"北斗导航系统覆盖全球"作为实现信息基础设施达到全球领先水平发展目标的重点目标之一,将"北斗系统建设应用行动"作为信息化发展的十二个"优先行动"之一,明确了北斗系统建设的短期和中期行动目标,提出统筹推进北斗建设应用、加强北斗核心技术突破、加快北斗产业化进程、开拓卫星导航服务国际市场的具体举措。在建设泛在先进的信息基础设施体系方面,要求建设陆海空天一体化信息基础设施,"持续推进北斗系统建设和应用,加快构建和完善北斗导航定位基准站网"。在推进农业信息化方面,将"推进农机精准作业示范和北斗导航技术在农业生产中的应用"纳入农业农村信息化工程。

三是融入国家区域发展战略。党的十八大以来,以习近平同志为核心的党中央高瞻远瞩,审时度势,从战略的高度提出了京津冀协同发展、长江经济带发展、粤港澳大湾区建设、长三角一体化发展、黄河流域生态保护和高质量发展等一系列国家重大区域发展战略。在这些重大区域发展战略部署中都充分考虑了北斗系统的布局与建设。2019年2月,中共中央、国务院印发了《粤港澳大湾区发展规划纲要》,明确了粤港澳大湾区的五大战略定位:充满活力的世界级城市群、具有全球影响力的国际科技创新中心、"一带一路"建设的重要支撑、内地与港澳深度合作示范区、宜居宜业宜游的优质生活圈；明确了粤港澳大湾区发展的重大意义、目标愿景、主要任务、推进策略。在培育壮大战略性新兴产业方面，该纲要要求依托香港、澳门两个特别行政区和广州、深圳等中心城市的科研资源优势和高新技术产业基础，培育北斗卫星应用重大产业项目。2019 年 12 月，中共中央、国务院印发了《长江三角洲区域一体化发展规划纲要》，明确了长江三角洲区域的战略定位：全国发展强劲活跃增长极、全国高质量发展样板区、率先基本实现现代化引领区、区域一体化发展示范区、新时代改革开放新高地；并明确了长江三角洲区域发展重大意义、目标愿景、主要任务、推进策略。在推动产业与创新深度融合方面，该纲要提出共同培育新技术新业态新模式，加强卫星导航等新技术研发应用；在共同打造数字长三角方面，《长江三角洲区域一体化发展规划纲要》要求“加强长三角现代化测绘基准体系建设，实现卫星导航定位基准服务系统互联互通”，要求“支持北斗导航系统率先应用，建设南京位置服务数据中心”。2021 年 1 月，国务院印发了《关于新时代支持革命老区振兴发展的意见》，这是“十四五”时期乃至 2035 年支持全国革命老区振兴发展的纲领性文件，为新时代做好革命老区振兴工作明确了任务要求和支持政策。在提升创新驱动发展能力方面，该意见提出“因地制宜促进数字经济发展，鼓励有条件的地区开展北斗系统应用”。

四是融入国家乡村振兴战略。实施乡村振兴战略是党的十九大作出的重大决策部署，是决胜全面建成小康社会、全面建设社会主义现代化国家的重大历史任务，是新时代“三农”工作的总抓手。数字乡村是乡村振兴的战略方向，也是建设数字中国的重要内容。2019 年 5 月，中共中央办公厅、国务院办公厅印发了《数字乡村发展战略纲要》。其中，在发展农村数字经济方面，该纲要要求“夯实数字农业基础”，“大力推进北斗卫星导航系统、高分辨率对地观测系统在农业生产中的应用”，从而将北斗系统应用纳入了乡村振兴战略布局中。

五是融入交通强国战略。建设交通强国是以习近平同志为核心的党中央立足国情、着眼全局、面向未来作出的重大战略决策，是建设现代化经济体系的先行领域，是全面建成社会主义现代化强国的重要支撑，是新时代做好交通工作的总抓手。2019 年 9 月，中共中央、国务院印发了《交通强国建设纲要》，提出到 2020 年，完成决胜全面建成小康社会交通建设任务和“十三五”现代综合交通运输体系发展规划各项任务，为交通强国建设奠定坚实基础。其中，在大力发展智慧交通方面，该纲要提出“大力发展智慧交通……推进北斗卫星导航系统应用”的要求。2021 年 2 月，中共中央、国务院印发了《国家综合立体交通网规划纲要》，这是我国第一个综合立体交通网的中长期规划纲要，明确了国家综合立体交通网的发展目标、主要任务和保障措施。其中，在推进综合交通高质量发展方面，该纲要要求提升智慧发展水平，“打造全覆盖、可替代、保安全的行业北斗高精度基础服务网，推动行业北斗终端规模化应用”，将北斗系统应用纳入了国家综合立体交通网建设发展。

六是融入国家产业发展战略。制造业方面，2015 年 5 月，国务院正式印发了《中国制造 2025》，其中在航天装备方面，《中国制造 2025》要求“加快推进国家民用空间基础设施建设，发展新型卫星等空间平台与有效载荷、空天地宽带互联网系统，形成长期持续稳定的卫星遥感、通信、导航等空间信息服务能力”。在战略性新兴产业方面，2012 年 7 月国务院印发的《“十二五”国家战略性新兴产业发展规划》和 2016 年 11 月国务院印发实施的《“十三五”国家战略性新兴产业发展规划》，均提出促进北斗系统为重点，引领中国制造新跨越，做大做强卫星及应用产业，加快卫星及应用基础设施建设，就实施北斗系统国家科技重大专项、加快建设卫星导航空间系统和地面系统、建成北斗全球卫星导航系统、形成高精度全球服务能力提出要求，明确了推动北斗产品和服务的推广应用、发展北斗兼容型导航终端以及数字化综合应用终端等产品、大力推进导航定位等空间信息资源产业化应用、提高国产卫星的应用范围与效益等具体任务。在民航业方面，2012 年 7 月，《国务院关于促进民航业发展的若干意见》将加强导航能力建设作为建设现代化空管系统的主要任务，并采取相应的科教和人才政策措施，加强技术研发，推动北斗卫星系统在民航领域的应用。在物流业方面,2014 年 9 月,《国务院关于印发物流业发展中长期规划(2014—2020 年)的通知》将加强北斗导航在物流领域的应用作为主要任务,将推动北斗导航在产品可追溯、智能配货等领域的应用作为重点工程;2014 年 7 月,《国务院关于加快发展生产性服务业促进产业结构调整升级的指导意见》要求重点推进北斗导航在物流智能化管理方面的应用。在新兴信息服务业方面,2013 年 8 月,国务院印发《关于促进信息消费扩大内需的若干意见》,要求加快推动北斗导航核心技术研发和产业化,推动融合发展,支持位置信息服务市场拓展,完善北斗导航基础设施,推进北斗导航服务模式和产品创新,并在重点区域和领域开展示范应用,逐步推进北斗导航和授时的规模化应用;2015 年 7 月,国务院印发《关于积极推进"互联网 +"行动的指导意见》,提出要坚持开放共享、融合创新、变革转型、引领跨越、安全有序的基本原则,充分发挥我国互联网的规模优势和应用优势,坚持改革创新和市场需求导向,大力拓展互联网与经济社会各领域融合的广度和深度。其中,《关于积极推进"互联网 +"行动的指导意见》要求增强北斗卫星全球服务能力,构建天地一体化互联网络。

(二)国家中长期发展规划

中共中央、全国人大、国务院先后发布多部涉及卫星导航的政策文件,相关国家规划引领了卫星导航事业的发展,对北斗系统建设发展各项任务前瞻谋划、整体设计。

北斗二号系统工程启动之初,国务院于 2005 年发布了《国家中长期科学和技术发展规划纲要(2006—2020 年)》,这是进入 21 世纪以来,我国社会主义市场经济体制基本建立及加入世贸组织后的首个国家科技规划,对我国未来 15 年科学和技术的发展作出了全面规划和部署。

此外,中央先后将发展北斗系统及其应用纳入国家国民经济和社会发展规划纲要,明确了北斗系统及其应用在国民经济和社会发展中的地位,明确卫星导航事业发展的阶段目标。“十一五”时期(2006—2010 年),卫星导航借着“十一五”规划的东风得到了长足的发展。《国民经济和社会发展第十一个五年规划纲要》明确建设的高技术产业工程重大专项中,提出“建设对地观测和导航定位卫星系统、民用卫星地面系统设施及应用示范工程”。在国家层面,原国家测绘地理信息局、国家标准化管理委员会、科学技术部、原国土资源部、原信息产业部、原国防科学技术工业委员会、国家发展改革委等国务院部门纷纷出台各行业“十一五”发展规划,将卫星导航列为重大科技工程、前沿技术和重点建设领域,以加快卫星导航技术的研发。

2011 年,第十一届全国人大第四次会议批准的《国民经济和社会发展第十二个五年规划纲要》中明确将“建设导航、遥感、通信等卫星组成的空间基础设施框架”作为战略性新兴产业创新发展工程,提出推动重点领域跨越发展,奠定了“十二五”期间卫星导航发展的基调,对国家、部门和地方开展卫星导航相关政策法规建设具有引领作用。此后,国务院、交通运输部、工业和信息化部、科技部、原国家测绘地理信息局等国务院机关部门分别围绕道路交通运输、信息服务业、防灾减灾、工业发展规划、战略性新兴产业、测绘地理信息等领域印发“十二五”规划,对卫星导航系统在各领域中的应用发展作出了专门安排。“十三五”期间,北斗系统作为国家科技重大专项得到长足发展,国家各项发展规划明确对其提出发展要求。

2021 年,第十三届全国人大第四次会议通过的《国民经济和社会发展第十四个五年规划和 2035 年远景目标纲要》提出实施北斗产业化重大工程,将北斗产业作为构筑战略性新兴产业体系新支柱的重要内容,要求“深化北斗系统推广应用,推动北斗产业高质量发展”,明确“打造全球覆盖、高效运行的通信、导航、遥感空间基础设施体系”,为“十四五”期间北斗总体发展提出了明确目标。

在产业方面,依据“十二五”规划,瞄准 2020 年第二代卫星导航系统重大专项完成的重大时间节点,国务院办公厅于 2013 年发布《国家卫星导航产业中长期发展规划》,为北斗产业发展提供了国家宏观政策指导。该规划分析了国内国际卫星导航事业发展的形势,从国家层面对卫星导航产业长期发展进行了总体部署,明确了卫星导航产业在国家战略性新兴产业中的核心地位,对北斗的产业发展设立了目标,指明了未来卫星导航事业重点发展方向,并对基础设施建设、技术研发与创新、标准推行、行业创新应用、大众应用推广、国际市场拓展等主要任务作出了周密的部署,同时组织实施一批重大工程,以加快培育和发展卫星导航产业,带动产业基础能力提升、重点领域技术创新、规模化应用推广和国际化发展。《国家卫星导航产业中长期发展规划》充分重视北斗软环境建设,特别是政策法规建设,提出需要在国家层面、行业领域多角度提供政策支撑。

(三)国家有关法律法规

随着国家多个领域涉及卫星导航的法律法规逐步更新,交通、测绘等领域的法律明确了保护卫星导航设施、维护卫星导航安全的相关规范,《国防法》《测绘法》《治安管理处罚法》等就其规范领域的卫星导航事项作出专门规定。

《国防法》是国家在国防方面的基本法律,是指导规范国防和军队建设的基本依据。2020 年修订的《国防法》第 32 条规定“国家根据边防、海防、空防和其他重大安全领域防卫的需要,加强防卫力量建设,建设作战、指挥、通信、测控、导航、防护、交通、保障等国防设施。各级人民政府和军事机关应当依照法律、法规的规定,保障国防设施的建设,保护国防设施的安全”。《国防法》通过明确导航类国防设施的法律地位,推动各级人民政府和军事机关依照法律法规保障其建设与安全。

《治安管理处罚法》是为维护社会治安秩序,保障公共安全,保护公民、法人和其他组织的合法权益,规范和保障公安机关及其人民警察依法履行治安管理职责所制定的法律。该法第 34 条第 2 款规定“在使用中的航空器上使用可能影响导航系统正常功能的器具、工具,不听劝阻的,处五日以下拘留或者五百元以下罚款”。该条明确了对使用中的航空器导航系统正常功能有影响的违法行为,并制定了处罚措施,有利于维护导航系统对航行安全的保障作用。

此外,《海上交通安全法》和《海岛保护法》都对保护导航设施,禁止损坏和擅自移动导航设施作出了规定。

在国家行政法规层面,事关卫星导航的法规条款不断完善。与卫星导航相关的行政法规集中在以下两个方面。一方面,集中于道路交通、民航、测绘地理领域的行政法规,如《校车安全管理条例》《测量标志保护条例》《通用航空飞行管制条例》等。这三个行业的正常运转、服务优化都依赖于定位和导航服务,对时空信息有强烈需求。因而,卫星导航在这些领域的市场应用时间较早、应用范围广泛,经过实践总结的管理经验逐步固化为相应的法规条文。另一方面,集中于无线电管理方面的行政法规,主要是《无线电管理条例》《电信条例》等。卫星导航系统提供的时空信息依赖于无线电来传输,无线电频谱资源是卫星导航系统的必备资源,卫星导航系统地面站属无线电站台,卫星导航系统的用户端设备属无线电台。因此,关于无线电频率分配、无线电设备、设施使用方面的行政法规都与卫星导航息息相关。

2016 年 3 月,《中华人民共和国卫星导航条例》列入《国务院 2016 年立法工作计划》中“有关实施国家安全战略维护国家安全的立法项目”,国务院、中央军委联合发布,牵头起草单位为装备发展部。目的是依法确立系统建设、运行服务、应用推广、安全保障、国际合作等方面的基本制度,将填补我国卫星导航领域的专项立法空白,这为推动我国卫星导航事业发展迈出的关键一步,意味着我国将从“政策北斗”迈向“法治北斗”,是我国卫星导航法治建设的一件大事。出台卫星导航条例,既是北斗系统发展到一定阶段的客观要求,也是北斗系统参与国际合作的迫切需要。卫星导航条例作为我国卫星导航领域的首部基本法规,将明确北斗系统作为国家基础设施的法律地位,填补我国卫星导航领域的专项立法空白,对于维护国家安全、保障北斗系统稳定运行发展,以及促进卫星导航产业健康发展具有重要意义。

2016 年 11 月，中央、国务院、军队 20 多个部门共同组成卫星导航条例起草工作组，组长单位为北斗重大专项领导小组组长单位军委装备发展部。起草工作组按照科学立法、民主立法、依法立法的要求，坚持问题导向，稳步有序推进立法工作。2016 年至 2022 年，先后三次书面征求中央、国务院、军队有关部门意见，共修改草案 40 余稿，组织召开院士座谈会、行业企业座谈会、法律专家座谈会等各类会议 100 余次，征求各部门单位、社会各方意见建议 500 余条，吸收采纳 470 余条。特别是针对卫星导航发展重难点问题和重大现实问题开展了相关专题研究，就卫星导航管理体制、法规制度体系、应用安全、产业政策、卫星导航法律责任、短报文服务法律问题等形成系列立法专题研究报告。充分吸收借鉴国内外相关领域立法经验，研究相关国外法律法规百余部、国内政策法规千余部。对与卫星导航相关的 1000 余部政策法规开展了全面分析，全面掌握我国卫星导航法治建设现状，系统收集并综合分析美、俄、欧等国家百余部卫星导航战略、规划和法律法规。广泛听取各方意见建议，充分利用北斗官网、官方微博，向全社会公开征集各界对卫星导航立法的意见建议，并采用“走出去、请进来”的方法，深入卫星导航建设、应用、管理、国际合作一线广泛调研，最大限度地凝聚各方立法共识。

（四）工程专项规划

北斗系统建设极具复杂性、艰巨性、挑战性，是我国迄今为止最为复杂、最为庞大的航天系统工程。从北斗一号工程开始，为确保工程建设设计科学、计划严密、推进高效，顺利完成党中央、国务院、中央军委赋予的战略任务，每期工程都周密论证、严谨审查，科学制订工程实施总体方案，逐项明确工程建设主要目标、建设任务、计划安排、职责分工和经费保障等重大问题，按程序报批通过后成为工程建设基本指导和依据，有力牵引推动了工程目标的如期圆满达成。在每一代工程论证建设过程中，法治建设在方案中所处的地位越来越重要，得到的重视越来越大，部署的任务越来越多，在北斗二号系统工程中，明确了产业应用推广、技术标准等政策制定发布要求，将出台有关产业政策作为构建产业保障体系的重要工作，推动了北斗系统应用与产业化发展。北斗三号系统工程建设中，进一步突出北斗法治建设的重要作用，将之作为提升北斗系统现代化治理水平的重要支柱之一，予以重点推进，体系部署了加快推进卫星导航立法、持续优化营商环境、规范卫星导航活动、参与卫星导航全球治理等重点任务。面向未来，中国将建成更加泛在、更加融合、更加智能的综合时空体系，探索建立中国特色的定位导航授时法治保障体系仍将是体系建设的重点。

二、行业政策法规为主干

卫星导航产业是由卫星导航定位授时系统和用户终端系统制造产业、卫星定位系统运营维护和导航信息服务等方面组成的新兴高技术产业，涉及卫星研究制造、卫星发射、地面基础设施建设、基础产品、导航应用终端和下游服务市场，涵盖了交通运输、车船监管、电力、农业、渔业、公安、林业等诸多行业和领域，是确保卫星导航规模应用、自主可控的重要基础和保障。大力发展卫星导航产业，对推动产业结构调整、提高社会生产效率、改善人民生活质量、提升国家核心竞争力具有重要的现实意义和长远的战略意义。国家高度重视北斗卫星导航产业在我国经济高质量发展阶段发挥的重要作用，各有关部门结合行业和领域发展特点，在交通运输、农林渔业、水文监测、气象测报、通信授时、电力调度、救灾减灾、公共安全等行业和领域相继出台了一大批促进北斗系统产业化应用推广的政策法规，构成了我国卫星导航政策法规制度体系的主干，有力推动了北斗系统的广泛应用，产生了显著的经济和社会效益。据初步统计，截至 2022 年 12 月，交通运输、新兴领域、农林牧渔、测绘地理、应急管理领域是我国卫星导航相关政策法规发布数量最多的 5 个行业领域，显著提升了在这些领域北斗系统产业化应用推广的水平（见图 3）。其中，交通运输领域发布的卫星导航政策法规数量最多,达300余部,使交通运输行业成为我国推进北斗系统产业化应用发展最快的行业之一。

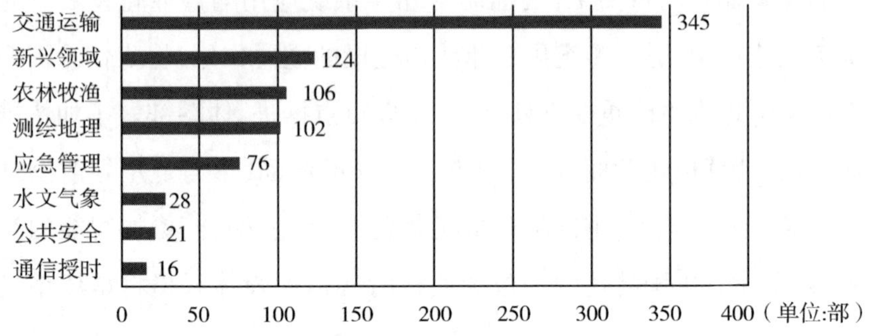

图3 卫星导航主要行业应用相关政策法规数量

(一)交通运输

交通运输是国民经济、社会发展和人民生活的命脉,北斗系统是助力实现交通运输信息化和现代化的重要手段,对建立畅通、高效、安全、绿色的现代交通运输体系具有十分重要的意义。交通运输业是卫星导航系统最大的行业用户之一,占国内卫星导航市场近七成的份额,也是北斗民用化的一个突破口。北斗应用的发展态势与交通运输领域政策法规制定出台的数量和内容密切相关,相关政策法规发布数量增长或关键政策法规出台的时期也是交通运输领域北斗应用推广快速发展的时期(见图4)。

据《2013年度中国卫星导航与位置服务产业发展白皮书》统计,2013年,交通运输部在九省市"两客一危"重点运营车辆上安装北斗终端数量为15万辆左右。2013—2017年,《国家卫星导航产业中长期发展规划》《道路运输车辆动态监督管理办法》《道路运输车辆卫星定位系统北斗兼容车载终端技术规范》《关于在行业推广应用北斗卫星导航系统的指导意见》等多项政策法规出台,明确了交通运输行业发展北斗产业、推广北斗应用的重点方向,对在道路营运车辆、邮政快递车辆、内河船舶及远洋船舶、水上助导航设施、通用航空器等方面应用北斗终端提出强制性要求，采取鼓励性措施，促使交通运输领域北斗终端的应用推广数量激增。特别是 2017 年交通运输部与中央军委装备发展部联合印发的《北斗卫星导航系统交通运输行业应用专项规划（公开版）》提出，要分阶段稳步推动北斗系统在交通运输行业实现全覆盖，将交通运输领域的北斗应用规模推向了新高度。《2018 中国卫星导航与位置服务产业发展白皮书》数据显示，2017 年年底，全国已有超过 617 万辆道路营运车辆，3.56 万辆邮政快递车辆，36 个中心城市 8 万辆公交车，370 艘交通运输公务船舶、近 6 万渔船、3230 座内河导航设施，2960 座海上导航设施等安装使用或兼容北斗系统。此后，交通运输领域的各部门各地区陆续发布的卫星导航相关政策法规数量稳居高位，交通运输领域的北斗应用推广水平也是行业应用的领先者。2022 年，我国交通运输领域已出台卫星导航相关政策法规超 300 部，在道路营运车辆、邮政快递车辆、内河船舶及远洋船舶、水上助导航设施、通用航空器等方面累计推广应用各类北斗终端超过 810 万台/套。

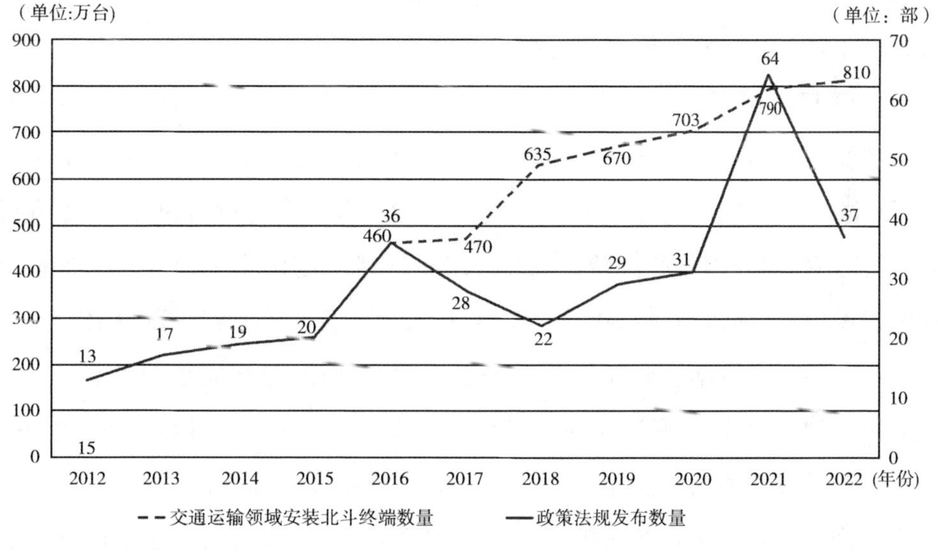

图 4　交通运输领域卫星导航相关政策法规数量与北斗终端数量对比

1. 交通运输行业综合性政策规划

2011 年,交通运输部印发的《公路水路交通运输信息化“十二五”发展规划》对“十一五”期间公路水路交通信息化发展进行了回顾总结,指出“运用船舶自动识别、船舶交通管理、全球卫星定位、低极轨道搜救卫星、高频、甚高频、卫星通信、视频监控等多种技术,加强了对公路水路基础设施和运输装备的监测监控,交通运输安全监管与应急反应能力显著增强”。并在“十二五”期间建设重点工作中提出“积极推进我国第二代卫星导航系统在交通安全、船舶航行、交通基础设施监测监控、公路运输和公众出行等领域的民用化应用建设”。明确提出推进我国卫星导航系统在交通领域的应用。

2012 年,交通运输部印发《关于加快推进“重点运输过程监控管理服务示范系统工程”实施工作的通知》,提出自 2013 年 1 月 1 日起,各示范省份(河北、江苏、安徽、山东、湖南、贵州、宁夏、陕西、天津)在用的“两客一危”车辆(旅游包车、三类以上班线客车和危险品运输车)需要更新车载终端的,应安装北斗兼容车载终端;所有新进入运输市场的重型载货汽车和半挂牵引车应加装北斗兼容车载终端,并接入全国道路货运车辆公共监管与服务平台;鼓励农村客运车辆安装北斗兼容车载终端。

2013 年,《国家卫星导航产业中长期发展规划》明确了交通运输行业发展北斗产业、推广北斗应用的重点方向。一是大力推进卫星导航产品和服务在交通行业的创新应用和规模化应用,推动形成行业综合应用解决方案,提升行业运行效率,促进相关产业转型升级。二是统筹制定国家多模连续运行参考站网建设规划,综合集成地图与交通信息、气象信息、环境信息等基础信息,建立全国性的位置数据综合服务系统,通过该工程实施,形成完整的卫星导航综合应用基础支撑体系,具有实时分米级和事后厘米级应用服务能力,有效增强卫星导航系统性能和服务能力。三是在交通行业推进标准法规建设,加强政策引导推动提升卫星导航应用技术水平和产品质量,以及在交通运输领域的规模化应用。

2013 年,交通运输部印发《关于推进交通运输信息化智能化发展的指导意见》,提出推进北斗系统、海事卫星系统在交通运输领域中的广泛应用,大力推进道路货运车辆监管服务和数字航道等管理系统建设。

2014 年 1 月,交通运输部、公安部、原国家安全生产监督管理总局联合印发《道路运输车辆动态监督管理办法》,提出“两客一危”车辆在出厂前应当安装符合标准的卫星定位装置;重型载货汽车和半挂牵引车在出厂前应当安装符合标准的卫星定位装置,并接入全国道路货运车辆公共监管与服务平台。该办法于 2022 年 2 月进行修正。

2014 年,《交通运输部关于全面深化交通运输改革的意见》(交政研发〔2014〕242 号)再次明确“推进新一代互联网、物联网、大数据、‘北斗’卫星导航等技术装备在交通运输领域的应用”。

2016 年 12 月 29 日,交通运输部出台《关于在行业推广应用北斗卫星导航系统的指导意见》,对“十三五”时期行业内北斗系统应用工作提出了目标,并在各应用领域部署了重点任务。该意见提出到 2020 年“交通运输各领域北斗系统普及程度显著提高,应用标准政策环境进一步完善,定位导航服务能力和业务支撑能力明显增强,北斗系统国际化取得显著成果,基于北斗系统的定位、导航、授时和短报文通信服务体系基本成型”的工作目标。《关于在行业推广应用北斗卫星导航系统的指导意见》明确了扩展行业北斗系统应用领域、拓展行业北斗系统应用模式、推进行业北斗系统应用标准化建设、促进形成行业北斗卫星导航增强及应用体系、推进北斗系统国际化工作五大工作任务。

2017 年,交通运输部与中央军委装备发展部联合印发《北斗卫星导航系统交通运输行业应用专项规划(公开版)》(以下简称《北斗系统交通运输专项规划》)。该规划是“十三五”至“十四五”时期推进北斗系统在行业应用的指导性文件,明确了今后一个阶段北斗系统行业应用工作的发展目标和主要任务。《北斗系统交通运输专项规划》阐述了北斗系统建设现状、未来发展规划以及交通运输行业北斗系统应用工作取得的主要成效,分析当前存在的主要问题,并从服务国家战略实施、支持现代综合交通运输体系发展等方面分析行业北斗系统应用工作的发展形势。《北斗系统交通运输专项规划》明确了2020年行业北斗系统应用工作发展目标,并针对行业各主要领域北斗系统应用情况提出具体指标,即在行业关键领域应用国产北斗终端,实现卫星导航服务自主可控,重点运输车辆北斗兼容终端应用率不低于80%,国内“四类重点船舶”北斗兼容终端应用率不低于80%,城市地面公共交通北斗兼容终端应用率不低于80%,推动民航低空空域监视北斗定位信息应用率达到100%,铁路列车调度北斗授时应用率达到100%,行业在售终端全部支持北斗定位模式,建成相应的应用管理与服务平台。《北斗系统交通运输专项规划》明确到2025年,建成服务于综合交通的定位、导航和授时(PNT)体系,为国家综合PNT体系建设提供有力支持。《北斗系统交通运输专项规划》从基础设施建设、完善应用发展环境、拓展行业应用领域、积极鼓励应用创新、推进融合应用、开展应用示范工程六个方面提出主要任务。为了使相关任务得到贯彻落实,《北斗系统交通运输专项规划》还从完善工作体制机制、拓宽资金筹措渠道、加强人才队伍建设、加强宣传和交流等方面提出保障措施。

2018年,交通运输部印发《关于加快推进新一代国家交通控制网和智慧公路试点的通知》,提出建设北斗高精度基础设施,实现北斗信号在示范路段(含隧道)的全覆盖,在灾害频发路段实施长期可靠的监测与预警;探索开展基于北斗高精度定位的高速公路通行费收费应用研究,强化技术储备;构建基于北斗的高速公路应急救援一体化管理系统,实现车辆人员的迅速定位与救援力量的动态调度和区域协同。

2019年,《交通运输部等十二部门和单位关于印发绿色出行行动计划(2019—2022年)的通知》(交运发〔2019〕70号),是为深入贯彻落实党的十九大关于开展绿色出行行动等决策部署,进一步提高绿色出行水平,多部门共同制订的行动计划。在推进实施差别化交通需求管理相关任务中,明确提出“依托北斗卫星导航技术,在高速公路领域试点开展自由流收费应用”。北斗应用在交通领域的也越来越明确化和具体化。

2019 年，交通运输部印发《数字交通发展规划纲要》，提出到 2025 年，交通运输成为北斗导航的民用主行业；加快北斗导航在自由流收费、自动驾驶、车路协同、海上搜救、港口自动化作业和集疏运调度等领域应用；加快北斗导航、卫星通信、高分辨率对地观测等技术行业应用。

2020 年 4 月，交通运输部印发《关于充分发挥全国道路货运车辆公共监管与服务平台作用支撑行业高质量发展的意见》，提出积极做好道路货运行业北斗三号车载终端的测试和研发工作，制定实施推广应用北斗三号系统的技术政策，充分发挥北斗三号系统应用示范作用，推进实现北斗二号系统到北斗三号系统的平稳过渡；深入开展新一代单北斗定位终端的技术研发，推动基于北斗三号的单北斗终端应用，稳步推进全国货运车辆单北斗终端的换代工作，推动建成基于北斗的重载货车数字化动态监管体系，推进道路运输成为北斗系统的民用重点领域。

2020 年 8 月，《交通运输部关于推动交通运输领域新型基础设施建设的指导意见》明确了到 2035 年交通运输领域新型基础设施建设的施工图，提出了一系列具体任务，其中包括北斗系统和遥感卫星行业应用，推动北斗时空信息服务在交通运输行业深度覆盖，服务行业数据中心和网络安全体系的建立，在智能列车、自动驾驶汽车、智能船舶等新产品逐步应用。在助力信息基础设施建设方面，该意见提出，推进第五代移动通信技术（5G）等协同应用、北斗系统和遥感卫星行业应用，“提升交通运输行业北斗系统高精度导航与位置服务能力……建设行业北斗系统高精度地理信息地图”，为北斗系统在交通运输新型基础设施建设全面布局提供了重要指导和依据。

2020 年，交通运输部印发《关于深化改革推进船舶检验高质量发展的指导意见》，提出聚焦新一代智能航运等科技前沿，推进北斗系统的技术应用。

2020 年，交通运输部印发《关于推进交通运输治理体系和治理能力现代化若干问题的意见》，提出建立基于第五代移动通信技术（5G）、北斗、物联网等新一代信息技术的交通基础设施网络一体化运营模式，强化与能源网、信息网络等设施互联和数据共享。

2021 年 12 月，《国家铁路局关于印发〈"十四五"铁路科技创新规划〉的通知》（国铁科法〔2021〕45 号），是为持续推进铁路科技创新，推动铁路高质量发展，支撑科技强国、交通强国建设，根据国家和行业相关规划部署，制定的铁路科技创新专项规划。该通知提出"研究北斗卫星导航、机载雷达、无人机低空遥感、航空物探、移动同步定位与建图（SLAM）等技术，推动空天地一体化勘察技术、卫星定位测量方法系统应用"。以重大工程为依托，发挥北斗科技创新关键性作用。同时提出，"大力推进北斗卫星导航、5G、人工智能、大数据、物联网、云计算、区块链等前沿技术与铁路技术装备、工程建造、运输服务等领域的深度融合，加强智能铁路关键核心技术研发应用，推进大数据协同共享，促进铁路领域数字经济发展，提升铁路智能化水平""以北斗铁路行业综合应用示范工程为依托，推进北斗卫星导航系统铁路基础时空坐标、基础设施勘测设计、结构安全监测、列车运行控制与安全监控、货运实时定位服务等关键技术研发应用，建立自主可控的铁路北斗应用技术体系"。这不仅明确铁路领域的北斗应用技术创新，更强调北斗铁路行业综合应用示范工程的自主安全目标。

上述政策进一步发挥了交通运输行业在北斗系统推广应用方面的引领带动作用，将行业北斗系统相关基础设施建设作为国家新基建战略的重要落脚点，助力行业科技创新支撑能力显著提升，前瞻性技术应用水平居世界前列。

2. 民航领域北斗系统应用政策

民航与北斗卫星导航紧密联系、互为支撑。一方面，在行业发展上，民航需要北斗。民航是交通强国的重要组成部分，是科技强国的重要领域。推动北斗系统的民航应用，实现我国自主知识产权导航技术在中国民航落地生根，是民航行业高质量发展的有力保障，更是民航强国建设的重要技术支撑。另一方面，在系统推进上，北斗需要民航。作为国际化程度最高的行业，民航行业与北斗服务全球的目标和发展需求不谋而合，应当仁不让率先做好应用工作，让北斗服务全球的价值得到最大体现。

在法律方面，《民用航空法》是为了维护国家的领空主权和民用航空权利，保障民用航空活动安全和有秩序地进行，保护民用航空活动当事人各方的合法权益，促进民用航空事业的发展而制定的法律。该法第 62 条规定申请取得机场使用许可证的，应当“具备能够保障飞行安全的空中交通管制、通信导航、气象等设施和人员”。这一规定实际上是将具备能够保障飞行安全的通信导航设施和人员作为民用机场使用许可的基本条件之一，对维护民用航空安全、推动卫星导航应用具有重大意义。

2009 年以来，中国民航局在相关的政策文件中，明确了推进北斗在民航领域应用的要求。2009 年，中国民航局发布《中国民航基于性能的导航实施路线图》，全面规划 2009—2025 年我国 PBN 实施目的、总体目标、关键任务和实施时间表，明确提出待北斗系统建成后，中国民航将会把该系统纳入未来 GNSS 系统中。2015 年，中国民航局发布《民用航空导航技术应用政策》，从满足民航运输对导航技术应用的需求、提高空中交通安全保障能力并提升运行效率出发，将中国民航导航技术应用分为近期（至 2020 年）、中期（2021—2030 年）和远期（2030 年以后）3 个阶段，最终形成以 GNSS 为主要导航源、陆基导航设施为备份导航源的导航系统架构，同时积极开展以北斗系统为核心，兼容 GPS、伽利略系统的我国民航卫星导航体系的建设，并推进北斗系统的全球应用。2016 年 12 月，中国民航局在其发布的《民航科技发展“十三五”规划》中提出，“十三五”期间要着力推进重点科技研发，支持国家重大战略，支撑民航科技发展。其中，基于北斗的民航科技应用方面，将通过研究北斗信息服务在民航通信/导航/监视等方面的应用技术、北斗空间信号测试与评估标准体系、北斗接收机测试评估与适航技术，推动北斗在民航通信导航监视/空中交通管理（CNS/ATM）和通用航空中的应用示范，推进基于北斗信息服务的空管装备国产化。2017 年 8 月，中国民航局发布《关于推进国产民航空管产业走出去的指导意见》,指出重点考虑将雷达、空管自动化系统等成熟、优质装备以及北斗系统相关产品等自主创新技术作为推进空管技术产业国际化的切入点,集中优势,重点突破。2018 年 11 月,中国民航局发布的《新时代民航强国建设行动纲要》提出,未来 15—30 年将是完成从陆基导航向星基导航转化,实现平稳过渡的关键时期,推动北斗系统民航应用是其中最核心的任务。在强化基础保障体系方面,《新时代民航强国建设行动纲要》要求"实现国内通用航空器兼容 ADS - B 等各种监视技术的北斗导航系统全覆盖";在全面深化国际合作方面,《新时代民航强国建设行动纲要》要求"支持和推进北斗导航、国产大飞机、技术标准、技术服务等中国民航相关产品服务'走出去'";在实施科技创新引领战略方面,《新时代民航强国建设行动纲要》要求"加大北斗卫星导航系统等具有自主知识产权的新技术、新装备、新系统在空管、航空器运行等领域的研发和应用,形成空、天、地全方位的新航行技术应用体系"。

为了适应北斗系统不断发展的要求,中国民航局发布了关于民航领域北斗应用的专门政策。2019 年 12 月,中国民航局发布《中国民航北斗卫星导航系统应用实施路线图》,明确了中国民航北斗系统应用的基本原则、总体目标与应用策略,提出要大力推进北斗系统应用,积极构建以北斗为核心的全球卫星导航系统(GNSS)技术应用体系,推动以星基定位、导航与授时技术为核心的新一代空中航行系统建设与运行,按照"从易到难,从便携到机载,从监视到导航,通用运输统筹推进"的总体实施路径,促进民航高质量发展。这是北斗系统在中国民航应用的首个系统性实施路径。按照该实施计划,中国民航北斗应用实施分为近期(2019—2021 年)、中期(2022—2025 年)和远期(2026—2035 年)三个阶段,并且每个阶段均提出了本阶段要完成的主要任务、实现本阶段目标需要具备的条件。

3. 交通运输行业北斗系统应用标准

交通运输领域卫星导航相关标准化工作也走在全国各行业前列,早期就制定了《北斗一号民用车(船)载终端设备技术要求和使用要求》等行业标准政策，形成首批北斗系统民用应用标准政策，之后更是发布了多项有关北斗系统应用推广工作的政策。为推广应用北斗系统提供规范统一的技术标准与技术要求，交通运输领域结合行业应用实际，以问题为导向，及时制定了交通运输行业与卫星导航系统相关的标准规范，逐步形成行业北斗系统应用标准规范体系。多项有关北斗系统技术标准包括《道路运输车辆卫星定位系统平台技术要求》（JT/T 796）、《道路运输车辆卫星定位系统终端通讯协议及数据格式》（JT/T 808）、《道路运输车辆卫星定位系统平台数据交换》（JT/T 809）、《道路运输车辆卫星定位系统车载终端技术要求》（JT/T 794）、《机动车运行安全技术条件》（GB 7258）、《汽车行驶记录仪》（GB/T 19056）等，促进了产业规范发展。在国际海事组织（IMO）、国际民航组织（ICAO）、国际电工委员会（IEC）等国际组织框架下，持续开展北斗系统应用相关国际合作工作，加强与相关国际公约的对接，推动北斗系统取得了面向海事领域应用的国际合法地位和面向民航领域应用的初步策略认可。总体来看，交通运输行业在北斗系统应用标准方面，发力早、工作细、成果多、效果好，走出了特色路子，发挥了关键作用，具有重要示范引领意义。

2021 年 10 月 28 日，交通运输部、国家标准化管理委员会、国家铁路局、中国民用航空局、国家邮政局联合印发了《交通运输标准化“十四五”发展规划》。该规划是综合交通运输领域的专项规划，覆盖综合交通运输、铁路、公路、水路、民航和邮政六大领域，涵盖国家、行业、地方、团体、企业标准五个层级，包括政策制度、技术标准、国际化、实施监督、支撑保障等五个方面，指导全行业“十四五”时期的标准化工作。《交通运输标准化“十四五”发展规划》提出将在多个方面进行北斗系统应用标准体系建设，提升交通运输信息化水平；还提出“十四五”期间将加强新兴领域标准体系建设，开展北斗系统应用、智能高铁、智能航运等标准体系研究，完善专业领域标准体系。同时将加强重点领域高质量标准有效供给，加快北斗系统应用等方面关键技术和共性基础标准制定、修订，提升交通运输信息化水平，推动智慧交通发展。进行交通基础设施安全健康监测卫星导航定位、智能船闸北斗高精度定位导航技术要求，用于全球海上遇险与安全系统的北斗报文服务系统船载设备、沿海北斗地基增强系统、北斗自动识别系统（AIS）中继基站技术要求等的制定和修订工作。

（二）测绘地理

测绘地理信息行业的发展十分依赖于卫星导航定位技术的支撑，测绘也是卫星导航的重点应用领域，两者相互促进，卫星导航推动了地理信息产业迅速兴起并保持高速增长，测绘地理信息也带动了卫星导航产业的快速发展。近年来，国务院和各相关部门加快了北斗系统在测绘领域应用的政策制定脚步，陆续出台了一系列政策法规。主要就北斗系统行业应用、卫星导航基准站建设管理、地理信息产业发展等进行政策引导和行为规范，卫星导航相关政策法规百余件（见图 5）。从发布时间及数量来看，1989 年的《测绘成果管理规定》是测绘地理信息领域最早的与卫星导航相关的政策法规，于 2006 年失效。2014—2020 年，测绘领域每年发布的卫星导航相关政策法规数量显著高于其他年度。

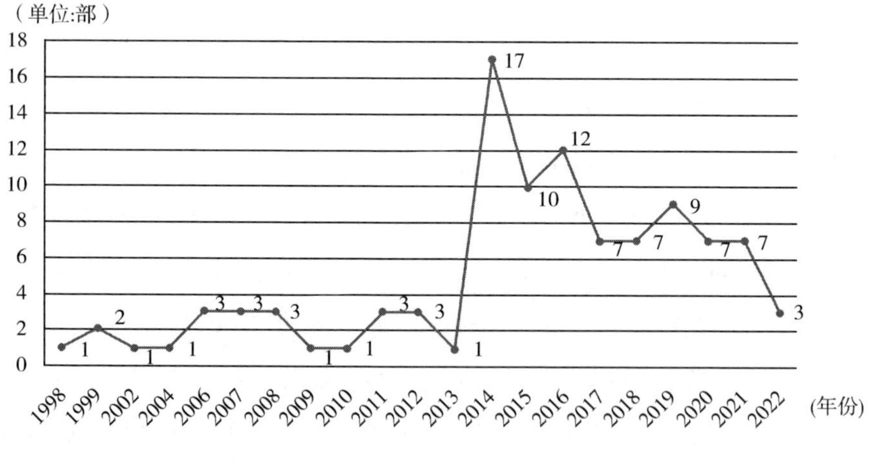

图 5　测绘领域卫星导航相关政策法规数量

在法律方面,《测绘法》是国家为了加强测绘管理,促进测绘事业发展,保障测绘事业为经济建设、国防建设、社会发展和生态保护服务,维护国家地理信息安全制定的法律。2017 年修订的《测绘法》新增规范卫星导航定位基准站建设和应用条款。《测绘法》第 12 条明确了建立统一卫星导航定位基准服务系统的要求,规定"国务院测绘地理信息主管部门和省、自治区、直辖市人民政府测绘地理信息主管部门应当会同本级人民政府其他有关部门,按照统筹建设、资源共享的原则,建立统一的卫星导航定位基准服务系统,提供导航定位基准信息公共服务"。第 13 条第 1 款确立了卫星导航定位基准站建设的备案管理制度,规定:"建设卫星导航定位基准站的,建设单位应当按照国家有关规定报国务院测绘地理信息主管部门或者省、自治区、直辖市人民政府测绘地理信息主管部门备案。国务院测绘地理信息主管部门应当汇总全国卫星导航定位基准站建设备案情况,并定期向军队测绘部门通报。"第 14 条明确了卫星导航定位基准站的安全建设运维的要求,规定"卫星导航定位基准站的建设和运行维护应当符合国家标准和要求,不得危害国家安全。卫星导航定位基准站的建设和运行维护单位应当建立数据安全保障制度,并遵守保密法律、行政法规的规定。县级以上人民政府测绘地理信息主管部门应当会同本级人民政府其他有关部门,加强对卫星导航定位基准站建设和运行维护的规范和指导"。第 25 条建立了导航定位应急测绘保障制度,规定"县级以上人民政府测绘地理信息主管部门应当根据突发事件应对工作需要,及时提供地图、基础地理信息数据等测绘成果,做好遥感监测、导航定位等应急测绘保障工作"。第 53 条和第 54 条还就违反前述要求的责任制度作出了规定。总的来说,2017 年修订的《测绘法》明确了卫星导航定位基准站备案管理、建设运行、数据安全保障制度方面的要求,有利于基准站的安全隐患的防范。

2012 年 2 月,原国家测绘地理信息局印发《测绘地理信息科技发展"十二五"规划》。该规划包含形势分析、总体思路、重点任务、保障措施 4 部分。在形势分析中重点介绍了全球导航卫星系统和我国卫星导航系统发展现状和趋势,基于“我国北斗卫星导航系统目前已经具备向我国大部分地区提供定位、导航以及通信服务的能力”的形势判断,指出“全球卫星导航技术的快速发展与重力卫星的成功应用促使大地测量技术迅速向高精度、动态、全球化方向发展”的总体趋势,明确了“基于北斗二代卫星导航系统/GPS 与 IMU 的多源组合导航等关键技术,并研发高效、高精度数据处理软件系统,在基础测绘、林业以及铁路勘察等领域进行示范应用”“针对行业应用和公众生活对导航定位和位置服务信息的需求,充分利用卫星定位和导航技术并集成移动通信、地理信息、智能传感和互联网技术”“开展我国自主卫星导航系统信号兼容与互操作研究”“搭建全球卫星导航增强和完好性系统平台”等一系列重点建设任务,提出加强导航定位相关关键技术研究,相关应用基础设施建设完善,有力推动和带动了北斗在测绘地理行业的应用推广。

2014 年 1 月 22 日,国务院办公厅印发《关于促进地理信息产业发展的意见》,明确了地理信息产业发展的指导思想、基本原则、发展目标和任务举措。其中,在发展地理信息与导航定位融合服务方面,该意见提出“加快推进现代测绘基准的广泛使用,结合北斗卫星导航产业的发展,提升导航电子地图、互联网地图等基于位置的服务能力,积极发展推动国民经济建设和方便群众日常生活的移动位置服务产品,培育新的经济增长点”。

2014 年 3 月,原国家测绘地理信息局印发《关于北斗卫星导航系统推广应用的若干意见》,指出“‘北斗’开启了我国导航与位置服务产业的新纪元,将进一步推动我国地理信息产业的发展”,强调“为进一步推动我国自主知识产权的卫星导航系统应用,需要强化政府对自主‘北斗’导航与定位产品和位置服务的政府扶持、市场培育和应用推广,在维护国家安全的前提下,积极推进‘北斗’的广泛应用,促进地理信息产业的发展”。该意见从 7 个方面,就北斗系统推广应用作出具体部署安排:一是充分认识北斗推广应用的重要意义;二是着力加强北斗推广应用的统筹协调,充分发挥测绘地理信息部门的作用,建立北斗推广应用统筹机制;三是着力加快北斗地面基础设施建设,加强北斗地基增强系统建设,全面提升位置数据综合服务平台建设水平;四是着力加强北斗应用科技创新,加强北斗应用创新能力建设,突破北斗应用关键技术,开展基于北斗的实时动态高精度定位技术研究,加强北斗应用标准体系建设;五是着力支持北斗相关企业发展,充分发挥行业协会作用,引导企业集聚发展,大力支持企业“走出去”,支持企业申报北斗产业化示范项目;六是着力推动北斗行业应用,加强北斗在测绘地理信息行业的应用,促进北斗在其他重点行业的应用;七是着力优化北斗应用市场环境,加强位置服务的安全监管,加强北斗导航与定位服务产品质量检测与监管。

2014 年 7 月,国家发展改革委和原国家测绘地理信息局联合印发了《国家地理信息产业发展规划(2014—2020 年)》。这是在国家层面上首个地理信息产业规划,对于推进我国地理信息蓬勃发展具有重要指导意义。该规划提出了 2020 年国家地理信息产业的发展目标和重点发展领域,其中与北斗应用有关的包括测绘地理信息装备制造,如卫星定位连续运行参考站系统等;地理信息与导航定位融合服务,如车辆导航、个人位置、导航电子地图服务等;地图出版与服务,如电子地图等;有利于推动北斗系统进一步赋能地理信息产业。

(三)农林牧渔

农业、林业、畜牧业、渔业是北斗系统应用最早的行业。在农业方面,北斗卫星导航技术结合遥感、地理信息等技术,主要应用于农田信息采集、土壤养分及分布调查、农作物施肥、农作物病虫害防治、特种作物种植区监控、农业机械无人驾驶、农田起垄播种、无人机植保等;在林业方面,北斗系统在林区面积测算、木材量估算、巡林员巡林、森林防火、测定地区界线等方面发挥作用;在畜牧业方面,北斗系统主要应用于牧草采集、动物实时监测以及牧民短报文通信等场景;在渔业方面,北斗系统的应用主要包括渔船出海导航、渔政监管、渔船出入港管理、海洋灾害预警、渔民短报文通信等。为了促进和保障北斗系统在农林牧渔领域的应用,国务院、行业主管部门以及地方政府先后发布了百余部政策法规(见图6)。

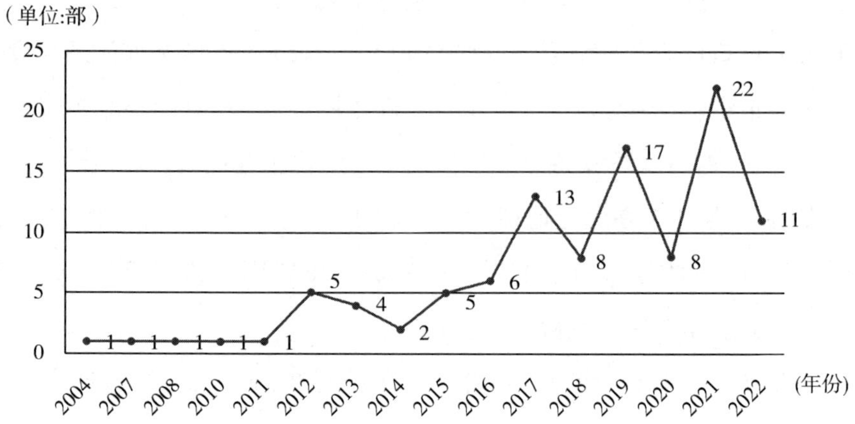

图6 农林牧渔领域卫星导航相关政策法规数量

1. 农林牧渔业北斗系统应用相关部门政策

在国家整体产业规划和北斗专项规划的指导下,国务院相关部门出台部门意见,通过财政补贴、技术支持等方式,推动北斗系统在农林牧渔业的应用。

一是终端设备采购补贴类政策。2013 年 1 月,原农业部办公厅、财政部办公厅印发了《2013 年农业机械购置补贴实施指导意见》,以充分发挥农机购置补贴政策效应,加快农机化发展方式转变。其中,在国家农机购置补贴目录中,增加“精准农业设备”小类,对“农业用北斗终端(含渔船用)”进行财政补贴,鼓励农业及渔业从业者购买并使用装有北斗终端的机具,以调整优化农机装备结构、提升农机化作业水平。这有利于促进农业用北斗终端(含渔船用)的生产和采购,推动北斗系统在农业的应用。

二是工程和技术支持类政策。2013 年 8 月,原国家林业局印发了《中国智慧林业发展指导意见》,将北斗导航技术列为智慧林业关键技术应用,指出北斗系统在林业方面具有广阔的应用空间,为林业资源监测及安全管理等提供重要支撑作用,因此将基于卫星导航等先进技术构建的林业物联网建设工程作为智慧林业重点工程予以推进。2016 年 11 月,工业和信息化部、原农业部、国家发展改革委印发《农机装备发展行动方案(2016—2025)》,围绕实施农机科技进步与创新、关键零部件发展、产品可靠性提升、公共服务平台建设、农机农艺融合等五大专项,实现农机装备制造能力提升和促进现代农业发展的战略目标。其中,该方案将基于北斗的农机定位与导航、农机变量作业技术与装置和农机作业与运维智能管理技术系统列为农业机械导航与智能化控制作业装置技术关键点,要求加大力度投入研发,提高农机装备智能作业、信息化管理水平,为智慧农业生产奠定技术基础。2017 年 1 月,原农业部印发《“十三五”农业科技发展规划》,以指导“十三五”农业科学技术事业发展。在农业机械化方面,该规划要求鼓励探索北斗卫星精准定位、自动导航等在农机装备上的应用。

三是北斗系统应用推广类政策。2016 年 8 月,原农业部印发了《“十三五”全国农业农村信息化发展规划》,明确 2016—2020 年农业农村信息化发展总体目标,提出“十三五”期间围绕推进农业供给侧结构性改革,构建现代农业体系、生产体系、经营体系,把信息化作为农业现代化的制高点,以建设智慧农业为目标,着力加强农业信息基础设施建设,着力提升农业信息技术创新应用能力,着力完善农业信息服务体系,加快推进农业生产智能化、经营网络化、管理数据化、服务在线化,全面提高农业农村信息化水平。其中,在突破大田种植业信息技术规模应用“瓶颈”方面,该规划提出要“加快基于北斗系统的深松监测、自动测产、远程调度等作业的大中型农机物联网技术推广”;在加强农业农村信息化基础设施建设方面,《“十三五”全国农业农村信息化发展规划》提出“加快推进北斗系统在农业农村中的应用”;在推动渔业信息技术广泛应用方面,《“十三五”全国农业农村信息化发展规划》提出“大力推广北斗导航技术在渔船监测调度和远洋捕捞中的应用,为海洋渔船配备卫星通信、定位、导航、防碰撞等渔船用终端”。2019 年 12 月,农业农村部、中央网络安全和信息化委员会办公室印发了《数字农业农村发展规划(2019—2025 年)》,提出了新时期推进数字农业农村建设的总体思路、发展目标和重点任务,描绘了数字农业农村建设的发展蓝图。在渔业智慧化方面，该规划提出“大力推进北斗导航技术、天通通信卫星在海洋捕捞中的应用，加快数字化通信基站建设，升级改造渔船卫星通信、定位导航、防碰撞等船用终端和数字化捕捞装备”。2022年8月，农业农村部办公厅印发《农业现代化示范区数字化建设指南》（农办市〔2022〕12号），旨在落实《“十四五”推进农业农村现代化规划》《“十四五”数字经济发展规划》等要求，推动农业现代化示范区在数字技术与现代农业深度融合上先行突破，用数字化引领驱动农业现代化。在推进信息基础设施建设方面，该指南提出“鼓励北斗地面配套设施建设，加快推广北斗卫星导航系统在农业生产领域中的应用”。

2. 农林牧渔业北斗系统应用相关地方政策

在国家相关政策规划的引导下，地方政府积极响应，根据该地区资源优势制定发布了推动北斗系统在农林牧渔业应用的相关政策措施。2014年4月，《福建省人民政府办公厅关于印发全面深化农村改革加快农业现代化发展的若干意见工作任务分工方案的通知》，要求福建省海洋渔业厅、国土厅等单位负责推进海洋渔业北斗卫星通讯系统建设，完善农村气象灾害防御体系和农业气象服务体系，确保责任落实到实处。2019年2月，《广西壮族自治区人民政府关于加快推进广西现代特色农业高质量发展的指导意见》制订了现代农业科技创新行动的具体实施方案，提出要深入推进农业生产全程机械化、智能化的技术研究，加快建设基于北斗卫星技术的智慧农机系统，加强园艺果树机械化生产创新应用，以推进科技和产业深度融合。2019年1月，青岛市人民政府办公厅发布《关于加快推进智慧农业发展的实施意见》，提出智慧农机工程、智慧畜牧工程、智慧林业工程、智慧灌溉工程，主张大力推进北斗导航在拖拉机、联合收割机、深松机、畜牧产品运输机等农机产品上的应用。此外，琼海市、日照市、东营市、威海市等渔业资源丰富的地区，也结合当地实际，陆续发布了渔业管理保障办法、渔船管理保障和渔业生产安全相关意见等规范性文件，指导渔业北斗系统的应用。

在财政补贴方面，与国家农业机械购置补贴政策相一致，北京、福建、广东、上海各地相继出台农机购置补贴实施方案，对购买安装北斗终端的农机或者渔用设备予以财政补贴，在促进北斗应用的同时促进农业生产方式转型，实现农业现代化。同时，河南、河北等省也出台了关于加快推进农业机械化和农机装备产业高质量发展或者转型升级的意见，指出要推动5G、北斗导航、遥感和物联网等技术在农业农村应用，发展智慧农业，推广农林牧渔精准化作业。

在林业应用方面，福建省、山东省、四川省等分别发布进一步加强林业有害生物防治工作的实施意见，提出充分利用物联网、卫星导航定位等信息化手段，建设应急防治指挥系统，提高应急防治能力，全面建成林业有害生物监测预警、检疫御灾、防灾减灾体系。除了林业防护外，部分省市还发布了相关政策促进北斗系统在林业修复中的应用，如《江西省天然林保护修复制度实施方案》提出充分运用卫星遥感、北斗定位等现代技术，构建全方位、多角度、运转高效、天地一体的天然林管护网络，构建天然林管护制度。

在相关产业政策的联动作用下，北斗系统在农林牧渔业的应用推广成效显著。据《2023中国卫星导航与位置服务产业发展白皮书》统计，农业领域已在农机自动驾驶、农机远程监测、渔船等方面累计推广应用各类北斗终端近160万台/套。北斗系统定位与短报文通信功能广泛应用于森林防火、天然林保护、森林自然调查、病虫害防治等方面。在渔业方面，北斗为渔业管理部门和渔船提供船位监控、紧急救援、信息发布、渔船出入港管理等服务。

（四）水文气象

水文气象是较早应用北斗系统的领域之一。北斗系统在海洋水文、气象监测系统上的应用价值主要在于其数据通信。我国许多重要的水文监测站、气象监测系统建设在远离城镇的地方，常规通信往往较为困难，数据通信只能采用卫星数据传输方式。基于北斗的水文监测，是利用北斗系统独有的短报文通信功能可以实现水文监测数据的实时传输，使水文、气象监测不受地域限制,并且具有抗自然灾害能力强的特点。从发布时间及数量来看,2009 年《中国气象局关于印发综合气象观测系统发展规划(2010—2015 年)的通知》是我国国家层面水文气象领域最早的与卫星导航相关的政策法规,此后国家和地方陆续出台规划和意见多部,指导卫星导航在水文监测、气象观测、气象工作现代化以及防灾减灾方面的应用(见图 7)。

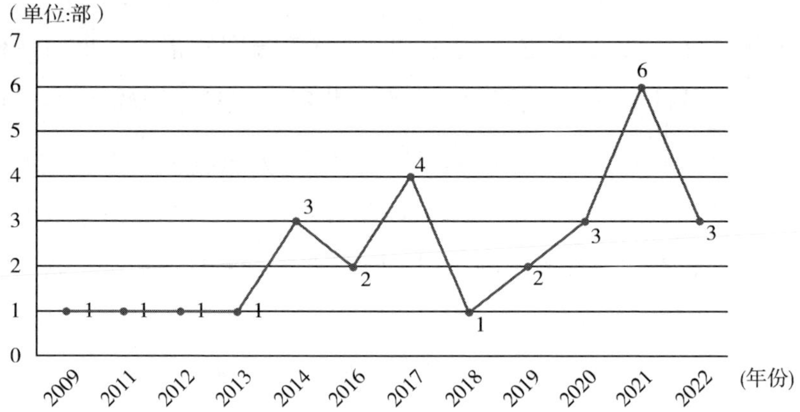

图 7　水文气象领域卫星导航相关政策法规数量

1. 气象观测北斗系统应用政策

在国家层面,2009 年中国气象局印发《综合气象观测系统发展规划(2010—2015 年)》,提出构建国家气候观测网、国家天气观测网、区域气象观测网、专业气象观测网、技术装备保障、观测数据质量与观测产品和技术研发及平台建设七大重点任务,在技术研发层面,提出开展气溶胶质量浓度监测仪和基于北斗卫星导航技术的探空系统研制,以满足综合观测需求。在天气观测网构建方面,提出 GPS/MET 观测工程建设,其目标是完成 2100 个左右 GPS/MET 站的资料获取,其中 50 个左右可兼容接收北斗、GPS 等卫星系统信号。2020 年,中国气象局正式印发实施《粤港澳大湾区气象发展规划(2020—2035 年)》,对气象科技观测提出了具体规划,要求大湾区各城市分别建设 1—2 个综合遥感超级站,组合布设风廓线雷达、微波辐射计、激光雷达、北斗卫星水汽观测站等设备,建立一网多能立体观测。

在地方层面,有的省市出台了一些推动气象业发展的政策,要求积极应用北斗系统促进气象现代化。2014 年 8 月,《甘肃省人民政府关于加快推进气象现代化的意见》提出要建成省内县级气象台站基于北斗卫星通讯系统的气象应急通信系统,以增强气象信息网络支撑和装备保障能力,并通过与应急、环保、水利、农牧、国土资源、交通、林业等相关部门的数据共享和应急会商,建立适应需求、结构完善、功能先进、保障有力的气象现代化体系。此外,西安市也将基于北斗卫星通讯的气象灾害监测站点作为城市综合气象观测站网建设的一部分重点建设,以加强城市公共气象服务工作。

2. 灾害预警体系北斗系统应用政策

在水文气象领域防灾减灾方面,相关政策内容主要是集中在构建基于北斗系统的应急通信网络、开发北斗预警信息接收终端、利用北斗系统的短报文通信功能构建灾害预警机制等方面。在国家层面,2017 年 12 月,中国气象局发布《关于加强气象防灾减灾救灾工作的意见》。在实施突发事件预警信息发布能力提升行动方面,要求"面向基层乡村确保预警全覆盖,针对偏远农村、牧区、山区、海区等,依托风云卫星、北斗卫星等先进通信技术,解决预警信息传播'最后一公里'难题"。在地方层面,2013 年 4 月,山西省人民政府印发《关于率先基本实现气象现代化的实施意见》,提出要着力建设突发事件预警信息发布工程,利用北斗卫星和无线广播通信技术建设基层预警信息接收传播系统,形成覆盖全省的预警信息综合发布系统,确保全省各类突发事件预警信息在第一时间向社会发布。2016 年 12 月,内蒙古自治区人民政府办公厅印发《内蒙古自治区气象事业发展"十三五"规划(2016—2020 年)》,将气象防灾减灾体系建设项目作为"十三五"期间气象领域的重点项目予以推进,提出通过应用基于北斗系统的预警信息接收终端和应急通信网络,有效解决信息发布"最后一公里"的问题,建立全区畅通、有效的公共信息和预警信息发布渠道。

3. 水文监测北斗系统应用政策

水文监测关乎民生水利、国家水安全等重要方面。2011 年 12 月《水利部关于发布 2011 年度水利先进实用技术重点推广指导目录的通知》,2014 年 1 月《水利部科技推广中心关于发布 2014 年度水利先进实用技术重点推广指导目录的通知》都将基于北斗系统的数据通信方式作为各个设备间重要的通信方式。《水利部办公厅关于印发 2019 年水利网信工作要点的通知》《水利部办公厅关于印发 2020 年水利网信工作要点的通知》，也都要求积极推进北斗系统、5G 技术在水利工程安全监测预警等工作中的应用，提高水利通信保障能力。在地方政策方面，吉林省、广西壮族自治区、内蒙古自治区和江苏省分别发布了气象设施和气象探测环境保护办法，对使用卫星导航系统的高空气象观测站的地面接收设备等气象设施的保护加以规定。如在卫星导航系统的高空气象观测站的地面接收设备周围 100 米范围内，设置对电磁波反射强烈的物体和修建水库等要求。

（五）通信授时

定位、导航和授时是全球卫星导航系统的基本服务，与国外卫星导航系统相比，我国北斗系统还具有特色短报文功能，这使得北斗系统在电信、通信设备、电网领域得到大量应用，以保障行业服务的可靠性，推动行业发展。在通信授时领域，共出台政策法规 10 余部，主要涉及保护和发展通信领域卫星定位设施、推广使用卫星导航终端两个方面（见图 8）。

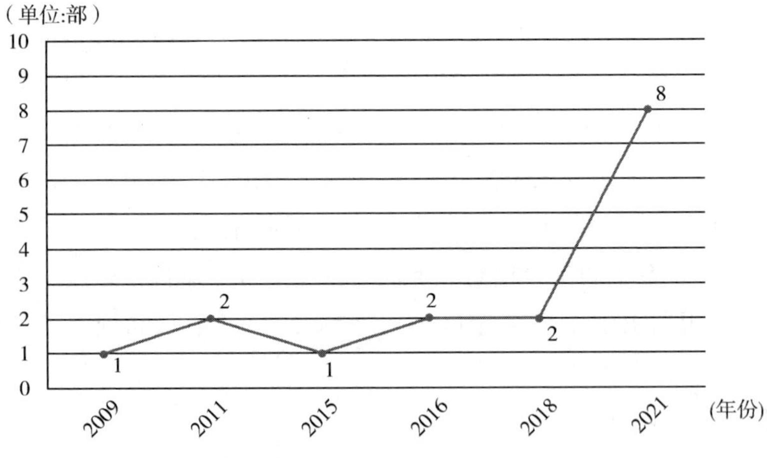

图 8　通信授时领域卫星导航相关政策法规数量

一是保护和发展通信领域卫星定位设施。2009 年 3 月，工业和信息化部发布了《建立卫星通信网和设置使用地球站管理规定》，为规范建立卫星通信网和设置使用地球站，避免和减少卫星网络之间、地球站与共用频段的其他无线电台之间的相互干扰，促进卫星通信事业健康发展提出了具体的要求和规定。该规定为保护北斗系统信号传输提供了制度基础。2018 年 11 月，广东省发布了《通信设施建设与保护规定》，就全省通信设施的规划建设、安全保护以及相关法律责任作出了具体的规定，并明确指出规定中所涉全部通信设施包括无线电导航设备和卫星定位设备。2011 年 10 月，江苏省发布了《关于加快推进信息通信基础设施建设的意见》，提出要加大政策扶持力度，加快推进全省信息通信基础设施建设，其中，加大对新一代信息技术及"两化融合""三网融合"、物联网、云计算、北斗定位技术研发和应用等项目的资金支持是重要的保障手段。

二是推广使用卫星导航终端。2018 年 11 月，《工业和信息化部关于工业通信业标准化工作服务于"一带一路"建设的实施意见》（以下简称《关于工业标准服务"一带一路"的意见》），指出要聚焦重点领域，深化"一带一路"国际合作。其中，《关于工业标准服务"一带一路"的意见》要求，在北斗卫星导航领域，"推动终端模块化、低功耗、高集成度芯片设计标准的制定与实施；深化中俄北斗/格洛纳斯双模车载卫星导航终端研发合作与澜湄流域北斗卫星定位导航服务系统建设及民生领域应用合作，推动北斗应用终端标准'走出去'"。在推进标准的海外应用领域，《关于工业标准服务"一带一路"的意见》要求"围绕家用电器、车联网、太阳能光伏、北斗卫星导航、新一代移动通信等领域，推动领军企业在'一带一路'沿线国家开展标准海外应用示范"。这一政策对于北斗系统与"一带一路"沿线通信基础设施的融合及其自身应用推广具有重要的指导意义。此前，2011 年 7 月，重庆市人民政府转发《加快重庆市智能电网装备产业发展实施意见》，将基于卫星导航的精密授时系统确定为重庆市智能电网装备产业布局的重要支撑技术。2015 年《台州市人民政府办公室关于加强公用移动通信基础设施建设工作的通知》也将合作开展北斗定位、社会治安、交通监测等应用作为加快推进公用移动通信基础设施建设和台州信息化建设的重要方式。

目前,北斗系统已经广泛应用于智能电网建设、银行金融交易等高度依赖于授时的行业,北斗短报文通信应用也为传统通信方式无法触及的区域提供通信服务。2021 年 5 月 19 日,兵器工业集团在北京举办北斗三号短报文通信融入大众手机阶段成果展示会,标志着北斗短报文通信由传统专用终端应用,迈入面向大众手机直接提供服务的新阶段。[①] 随着 5G 的发展,“北斗 + 5G”也将创造更多的应用场景。北斗与通信的融合将深刻改变人们的生产生活方式,产生显著的经济效益和社会效益。

(六)应急管理

由于具有全天候、全天时的导航、定位、授时系统和北斗短报文等功能以及星间链路、不需要传统网络、实现位置共享等优势,北斗系统在地震、洪水等自然灾害以及海洋、山区等人烟稀少地区的救援活动中有着重要的应用,能够配合测绘卫星、气象卫星展开工作,提升防灾减灾,应急处理的能力。为此,国家、行业和地方陆续出台了推动北斗系统在应急管理领域应用的相关政策 100 余部(见图 9)。在应急救灾领域,主要采用以下三种政策工具推动北斗系统在应急管理领域的应用。一是顶层规划引导。指明北斗产业与应急救灾领域融合发展的路径,推动“北斗 + N”在防灾预警、灾情监控、救援任务中的综合应用。二是政府采购牵引。要求在应急救灾的工作中充分利用北斗服务以及北斗的设备,为社会在风险防控服务设备选择中,起到了一定的牵引作用。三是示范工程。北斗应急领域的示范工程有别于其他

---

① 中国卫星导航系统管理办公室:《大众手机成功实现北斗三号短报文通信功能》,载北斗卫星导航系统官网 2021 年 5 月 21 日,http://www.beidou.gov.cn/yw/xwzx/202105/t20210524_22379.html。

领域，不仅在国内有着重要的应用地位，而且受到国际用户的广泛关注。为满足国际用户对于北斗应急救援、综合减灾、船舶/车辆监控与指挥调度等应用需求，建设若干海外应用示范工程，对推动产业国际化发展十分重要。

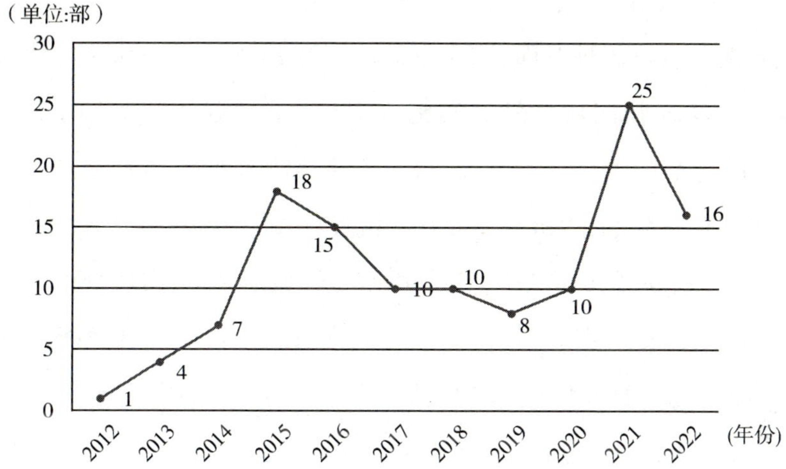

图 9　应急管理领域卫星导航相关政策法规数量

1. 应急管理领域北斗系统应用相关综合性规划

2017 年 1 月，国务院办公厅发布《国家突发事件应急体系建设“十三五”规划》，提出了“十三五”国家突发事件应急体系建设的总体目标：到 2020 年，建成与有效应对公共安全风险挑战相匹配、与全面建成小康社会要求相适应、覆盖应急管理全过程、全社会共同参与的突发事件应急体系，应急管理基础能力持续提升，核心应急救援能力显著增强，综合应急保障能力全面加强，社会协同应对能力明显改善，涉外应急能力得到加强，应急管理体系进一步完善，应急管理水平再上新台阶。其中，在社会协同应对能力明显改善方面，《国家突发事件应急体系建设“十三五”规划》明确了“专业性应急志愿者队伍快速发展，应急产业产值大幅增长，物联网、大数据、北斗导航等新技术在应急领域广泛应用”的发展目标。在大力推进应急产业健康发展方面，《国家突发事件应急体系建设“十三五”规划》要求“支持首台(套)应急专用设备研发生产和推广应用;组织重大应急产品和服务推广示范,大力推动北斗导航系统在监测预警、应急救援等方面的应用”。至2019年,民政系统已建成部、省、市(县)3级平台,实现6级业务应用,推广北斗终端超过4.5万台,[①]用于灾情上报、救灾物资监控管理等方面。

在交通应急救援管理方面,国家发展改革委于2016年制定的《营造良好市场环境推动交通物流融合发展实施方案》要求,“强化‘物联网+全程监管’。充分利用无线射频、卫星导航、视频监控等技术手段,开展重点领域全程监管。规划建设危险品、冷链等专业化物流设施设备,建立和完善危险品物流全过程监管体系和应急救援系统,完善冷链运输服务规范,实现全程不断链”。2018年2月,《交通运输部办公厅关于加快推进新一代国家交通控制网和智慧公路试点的通知》要求开展北斗高精度定位综合应用,提出“建设北斗高精度基础设施,实现北斗信号在示范路段(含隧道)的全覆盖,在灾害频发路段实施长期可靠的监测与预警……构建基于北斗的高速公路应急救援一体化管理系统,实现车辆人员的迅速定位与救援力量的动态调度和区域协同”,并要求江西、河北、广东重点实施。

原国家测绘地理信息局于2016年9月印发《关于进一步加强应急测绘保障服务能力建设的意见》,在指导思想中提出“统筹考虑各类突发事件对应急测绘保障服务的需求,综合运用遥感、地理信息系统、卫星导航定位系统和网络通讯技术等手段,以服务突发事件应急工作为根本,以强化提高测绘队伍快速反应能力为重点,加快建设全国应急测绘保障服务体系,全面提高应急测绘保障服务水平”。

国防科工局、国家发展改革委于2016年10月联合印发了《关于加快推

---

① 中国卫星导航系统管理办公室:《〈北斗卫星导航系统建设与发展〉报告全文》,载北斗卫星导航系统官网2019年5月22日,http://www.beidou.gov.cn/zt/dhnh/dsjzgwxdhnh10/nhdt10/201905/t20190522_18135.html。

进“一带一路”空间信息走廊建设与应用的指导意见》，强调卫星导航的应急公共服务不仅停留在国内，也可以“走出去”。该意见提出，“依托空间信息走廊，建立跨国合作的空间信息应急响应机制和服务网络，与沿线国家共同建设空间信息的快速获取、分析判读、紧急救援、指挥调度等星地一体化设施，为区域自然灾害监测以及各种紧急事件处置提供遥感影像采集、应急通信及导航定位服务等空间信息保障，推动空间信息服务于国际人道主义救援、灾难预警等公共事务”。《关于加快推进“一带一路”空间信息走廊建设与应用的指导意见》为扩大北斗国际市场，推动北斗“走出去”，推动北斗系统服务国际，特别是为“一带一路”共建国家提供了指导。

2. 应急管理领域北斗系统应用相关地方政策

在国家政策的带动下，黑龙江、天津、广西、湖北、安徽、贵州、四川等省市相继出台地方应急救灾政策，对本地区应急管理领域应用北斗提出了思路和要求。2019 年 6 月，《黑龙江省人民政府关于印发“数字龙江”发展规划（2019—2025 年）的通知》要求加快北斗卫星技术在防汛抗旱、森林防火、水资源监测和水土保持等领域的数字化应用。2019 年 3 月，《黑龙江省应急管理厅关于印发〈关于开展 2019 年全省应急管理信息化建设工作的指导意见〉及〈黑龙江省应急管理信息化建设工作 2019 至 2021 年总体规划〉的通知》，要求各市（地）应急管理局、县级应急管理部门按照实际需求为应急救援人员配备北斗专用终端并开展应用演练，这一系列举措极大地推动了北斗在应急救援中的应用落地和应用能力。此外，还运用政策促进北斗系统在应急平台中的应用。2021 年 8 月，《天津市人民政府办公厅关于印发天津市应急管理“十四五”规划的通知》，在科技创新为应急管理事业发展提供新支撑方面，提出推动“北斗技术与卫星遥感、5G 通信、人工智能等高科技手段深度融合，将促使生产工艺、技术、装备和产能加快升级改造”。2018 年 8 月，《广西壮族自治区人民政府办公厅关于印发广西数字经济发展三年行动计划（2018—2020 年）的通知》，在发展北斗卫星导航产业方面，提出“整合地理信息资源，构建面向东盟的北斗导航与位置信息公共服务平台、基础信息库和国际推广体系，开展应急救援、海上搜救、车辆导航、高精度定位等服务。积极申请建设北斗导航国家数据中心广西分中心”。2016 年 7 月，《四川省人民政府办公厅关于加快应急产业发展的实施意见》发布，提出发展包括车辆北斗定位监控系统、高分辨率对地观测系统在内的北斗导航应急服务。

（七）公共安全

社会公共安全主要包括信息安全、社会治安、公共出行安全、公共卫生安全、建筑安全、城市生命线安全等。随着我国经济体制转型、流动人口规模加大、城市化进程加快，整个社会的公共安全治理任务越来越艰巨。为了更好地保障人民生命财产的安全需求，建设和谐社会，我国治安系统逐渐趋于信息化和智能化，基于北斗的公安信息化系统建设，使警方在反恐、维稳、警卫、安保等大量具有高度敏感性和保密性要求的治安事务中实现了警力资源动态调度、一体化指挥，提高了响应速度与执行效率。现有的相关政策法规关于北斗系统在公共安全领域的应用主要体现在两个方面（见图 10）。

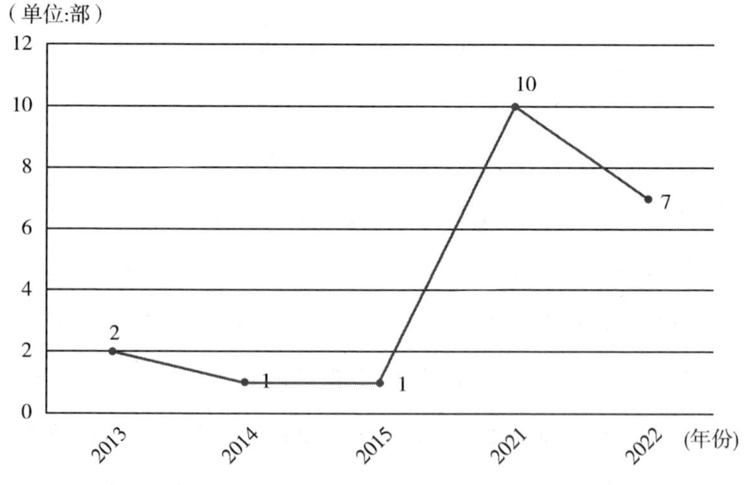

图 10　公共安全领域卫星导航相关政策法规数量

一是利用北斗系统定位功能解决交通警察上路执勤执法，处理交通事故中存在的点多、线长、分散、难以集中管理等问题。如 2013 年公安部印发的《交警系统执法记录仪使用管理规定》。该规定旨在加强执法规范化建设和执法队伍正规化建设，切实解决执法突出问题。该规定提出要抓紧更新配齐执法人员设备，加快管理系统建设，其途径之一就是为全部道路执勤执法、交通事故处理、车辆和驾驶员管理岗位民警配发执法记录仪，执法记录仪要具备 GPS 或北斗定位功能，以便客观真实地记录交通警察执勤执法全过程，并将其作为考核、评价、监督交通警察出勤、办事、执法、办案和遵规守法的重要依据，保障民众合法权益不受侵害。

二是利用北斗系统的定位功能助力公共安全监测和执法活动，以维护国家安全和社会稳定，预防和打击暴力恐怖犯罪，提高城乡管理水平，创新社会治理体制。2013 年，国务院新闻办公室发布了《中国武装力量的多样化运用》白皮书，在“维护海洋权益”板块，指出要协同地方有关部门开展海洋测绘与科学调查，建设海洋气象监测、卫星导航、无线电导航及助航标志系统，及时发布气象和船舶航行等相关信息，建立和完善管辖海域内的航行安全保障体系，为国家海上执法、渔业生产和油气开发等活动提供安全保障。2015 年，国家发展改革委、中央综治办、科技部等发布了《关于加强公共安全视频监控建设联网应用工作的若干意见》，将北斗导航纳入公共视频监控建设的现代技术集成应用支撑体系，推动公共安全视频监控建设集约化、联网规范化、应用智能化，进一步推进立体化社会治安防控体系建设，维护公共安全和秩序，保障公民的合法权益，以及社会各项活动的正常进行。

（八）新兴领域

新兴领域的需求正在推动卫星导航系统的发展。卫星导航作为一种新技术，随着其与物联网、云计算、大数据、人工智能、5G 等新兴技术的融合，“北斗 +”的新模式、新业态、新经济不断涌现，北斗已经渗透到日常生活的各个角落，为经济社会注入了巨大的活力,体现了北斗系统的技术价值。目前,新兴领域相关的卫星导航政策法规超过 100 部(见图 11)。从涉及的领域来看,信息产业、5G、大数据领域发布政策法规 28 部,“互联网 +”领域发布政策法规 24 部,智慧城市、智慧产业领域发布政策法规 20 部,人工智能、电子商务等领域发布政策法规 22 部,各个细分领域比例相当。从时间维度来看,较早提及北斗卫星导航的新兴领域政策法规是 2012 年《中共广州市委、广州市人民政府关于建设智慧广州的实施意见》,此后全国范围内各层级政策法规年度发布数量逐年递增,到 2021 年达到峰值。综合新兴领域与卫星导航相关的政策法规效力等级和发布时间来看,在国家政策发布之前,已经有部分省市先行一步探索推进北斗系统在新兴领域的应用,而在国家政策发布之后,更多的地区相继发布相关的政策。可以看出,北斗系统与新兴领域的融合发展已经成为我国和各地区新的经济增长点。

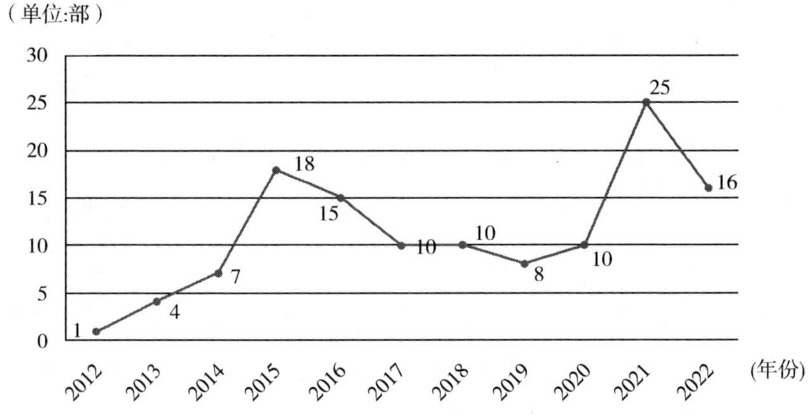

图 11 新兴领域卫星导航相关政策法规数量

1. 北斗系统与大数据等信息技术融合发展相关政策

2014 年,贵州省率先出台了《关于加快大数据产业发展应用若干政策的意见》和《贵州省大数据产业发展应用规划纲要(2014—2020 年)》,提出推进信息产业“蛙跳式”发展五大计划,其中之一就是强调要加快推动以北斗导航为核心的技术研发和产业化进程,深化与大数据的结合,推动基于北斗卫星导航的地质灾害预报预警、交通运输监管、智慧旅游等应用示范,支持位置信息服务(LBS)业务发展,并且将北斗增强系统设施建设作为信息基础设施提速工程之一列入重大工程建设之列。此后安徽、甘肃、广东、河南、山西、浙江等省纷纷出台大数据产业和应用发展规划,强调大数据和北斗系统相结合对于大数据产业自身发展以及其他智慧行业发展的重要价值。其中,河南省于2017 年还发布了《河南省大数据产业发展引导目录(2017 年本试行)》,将卫星导航基础设施列为大数据产业基础支撑。山西省和海南省致力于发展基于大数据和卫星导航融合技术的信息产业新业态。两省分别先后发布地方政策文件和地方性法规对大数据开发应用进行规范。2017 年,山西省人民政府印发《山西省大数据发展规划(2017—2020 年)》《促进大数据发展应用若干政策》《山西省促进大数据发展应用 2017 年行动计划》三个文件,通过大数据基础设施建设及应用示范推广,带动相关技术、产业、资金、人才等在山西省的集聚,加快构建较为完善的大数据产业链,推动山西经济转型升级。其中,该规划提出"云殖山西"大数据产业工程,要求加快推动空间信息技术研发创新和成果转化进程,推动基于北斗卫星导航和高分遥感卫星与大数据的应用结合;该行动计划进一步明确加快建设国家北斗导航位置服务数据中心山西分中心,推动北斗卫星导航数据在各行业领域应用建设的目标。2020 年,《山西省大数据发展应用促进条例》规定全省县级以上人民政府要制定优惠政策,培育、引进大数据企业,加快推进大数据产业集聚区建设,支持企业推动大数据与云计算、卫星导航、人工智能、区块链等信息技术的融合,培育大数据产业新技术和新业态。

2. 北斗系统与"互联网 +"平台融合发展相关政策

2015 年 7 月,国务院发布《关于积极推进"互联网 +"行动的指导意见》,这是我国第一部关于"互联网 +"的政策文件。该意见提出要通过增强北斗卫星全球服务能力,构建天地一体化互联网络,巩固网络基础,从而夯实"互联网＋”经济形态基础。该意见为各省市结合本地区实际情况推进“互联网＋”提供了指导。从2015年到2018年3年间，我国各省市共发布了21部“互联网＋”政策，将“互联网＋”与农业、现代物流、服务业、交通、通信等不同行业融合发展，其中卫星导航作为重要的技术手段之一，也借助“互联网＋”这一平台赋能各行各业。2016年《北京市人民政府关于积极推进“互联网＋”行动的实施意见》提出“互联网＋农业”“互联网＋城市交通”“互联网＋生态环境”等重点发展领域，将北斗系统作为农业作业精准化和现代化、交通运输治理和交通枢纽信息服务设施建设以及生态环境监测平台建设的重要技术支撑。2015年《甘肃省人民政府关于印发甘肃省深入推进“互联网＋”行动实施方案的通知》提出“‘互联网＋’现代物流行动计划”，要求在2016年至2017年建设完善甘肃北斗物流云综合服务平台，提高物流供需信息对接和使用效率。2015年《湖北省人民政府关于加快推进“互联网＋”行动的实施意见》提出要建设覆盖全省的北斗卫星导航地基增强系统，推动相关行业应用向北斗系统迁移，推进基础设施提升工程。2015年《湖南省实施“互联网＋”三年行动计划》提出要推进互联网与服务业融合发展，培育产业发展新业态，其中基于北斗导航系统产品与服务的地理信息产业是新兴服务产业的支持重点。2016年《内蒙古自治区民政厅关于加快推进“互联网＋”工作的指导意见》提出“互联网＋”防灾救灾重点项目，要求认真实施北斗系统国家综合减灾与应急示范项目，通过完善灾害救助指挥平台建设，配备卫星导航相关定位和通信装备，以实现灾情防控和救助信息的快速有效传递，从而提高应对突发性自然灾害的能力。2016年《广西壮族自治区人民政府关于印发广西积极推进“互联网＋”行动实施方案的通知》，提出“互联网＋”绿色生态的重点工作，要求结合北斗系统、卫星遥感、无人机航测、地理信息系统、大数据分析和互联网传输监控技术，建立国土资源环境动态监测体系和林业资源环境监控系统，开展国土资源动态监测、生态公益林管护、森林防火、林业有害生物监测等工作。在一些沿海城市，借助“互联网＋平台”，北斗系统为智慧港口建设助力，如《浙江省“互联网+”行动计划》提出构建卫星导航系统、船舶自动识别系统（AIS）、雷达探测监控等智能技术体系，助力“智慧港”建设。

3.北斗系统与城市智慧化融合发展相关政策

随着城市扩大化，“城市病”成为困扰各个城市的建设与管理的首要难题，资源短缺、环境污染、交通拥堵、安全隐患等问题日益突出。使用卫星导航系统等信息技术建立智慧城市，成为解决城市问题的可行方案。2014年国家发展改革委、工业和信息化部、科学技术部等八部门印发了《促进智慧城市健康发展的指导意见》，这是我国在国家层面上出台的第一部关于北斗系统在智慧城市建设中应用的政策文件。该意见要求科学开展智慧城市建设顶层设计，加快建设智能化基础设施，其中要重点推进北斗导航卫星地基增强系统建设和使用。随着我国省市开展智慧城市建设，相关省市也陆续发布了相关政策法规，在智慧城市所涉及的城乡建设、交通管理、智慧产业、通信网络等方面积极推进北斗系统的使用。

在城乡建设方面，2015年重庆市人民政府办公厅印发的《重庆市深入推进智慧城市建设总体方案（2015—2020年）》指出，要加大建筑信息模型（BIM）技术、北斗卫星技术、物联网技术等在城乡建设领域中的应用，大力推进传统建造模式向建筑产业现代化转变，推广智慧建筑、智慧小区、绿色建筑等，提高城乡建设综合管理水平和效率。

在交通管理方面，湖北省人民政府办公厅印发的《加快推进智慧湖北建设行动方案（2015—2017年）》提出要扩大公共交通WLAN覆盖范围，加强“两客一危”车辆北斗卫星导航示范应用，提供智慧交通综合服务。在城市精细化管理方面，2020年河南省人民政府办公厅印发的《关于加快推进新型智慧城市建设的指导意见》，提出推动“5G+北斗卫星”高精度定位应用，为社会公众提供预防交通拥堵、优化道路出行等出行服务，提高人民城市生活幸福感。

在位置信息公共服务平台方面，2014年《福建省人民政府关于数字福建智慧城市建设的指导意见》提出建设位置感知系统，基于此建设全省位置信息公共平台,汇聚基于北斗、GPS、通信站点等多种定位信息,统筹满足位置应用需要。

在智慧产业方面,河北省、湖北省、江苏省等均发布了相关政策法规推动北斗系统在智慧产业中的应用。河北省人民政府办公厅于2019年印发的《关于加快推进新型智慧城市建设的指导意见》,提出在物流、灾害防范与应急处置、智能家居、智慧社区、智慧养老、旅游娱乐等领域,加强移动互联网、遥感遥测、北斗导航、地理信息、人工智能、深度学习、区块链等技术的集成应用,发展新业态。2015年《湖北省人民政府关于加快推进智慧湖北建设的意见》指出要支持云计算大数据与物联网、移动互联、北斗导航、智能汽车、智能制造等技术和服务的创新应用与融合发展,要发展高端电子信息产业,加快北斗卫星导航应用产业链整体推动,将武汉建成北斗芯片及智能终端产品的高端制造基地,打造千亿元北斗产业集群。江苏省也提出了智慧服务业,要求加强移动互联网、遥感遥测、北斗导航、地理信息等信息技术集成应用和服务模式创新。

在通信方面,多地发布政策推进"北斗+5G"的融合应用。2020年《中共上海市委、上海市人民政府关于进一步加快智慧城市建设的若干意见》提出推动5G先导、4G优化,打造"双千兆宽带城市",并率先部署北斗时空网络,深化IPv6应用,推动网络连接增速,优化提升新一代信息基础设施布局。2015年《沈阳市智慧城市总体规划(2016—2020年)》提出要建设无线城市,完善3G/4G网络建设,加强5G技术和基于北斗系统的位置服务的融合,加快建设城市通信网络。

在新型基础设施方面,2020年《深圳市人民政府关于加快推进新型基础设施建设的实施意见(2020—2025年)》要求加快北斗卫星地基增强系统建设,逐步构建无缝覆盖、安全可靠的卫星网络设施。

三、地方政策法规为助力

加快推进北斗产业发展和规模化应用,地方政府出台了一系列扶持政策和配套法规,构成了我国卫星导航政策法规制度体系的主要支撑。经过多年发展,国内卫星导航产业在京津冀地区、长三角地区、珠三角地区、华中鄂豫湘地区和西部川陕渝地区形成产业聚集,五大区域积极结合国家战略和自身特点,分别提出了各地区北斗产业政策制度方面的具体举措,逐步在北斗产业方面形成了本区域发展特色及优势。2022 年,五大区域实现综合产值约 3778 亿元,在全国总体产值中占比高达 75.44%。[①] 有 31 个省、自治区、直辖市共发布涉及卫星导航政策法规 1000 余部,在卫星导航法规制度体系中占比最大。其中,制定专门政策的有北京市、天津市、广东省、广西壮族自治区、湖北省、四川省、河北省、陕西省、河南省等。此外,山西省、四川省、湖北省、黑龙江省等还有关于促进地理信息产业发展和规划的政策,其中也包含促进北斗产业发展的内容。另有多个省制定的高科技产业、高技术服务业、新兴战略产业、高成长产业、新型产业的相关政策也与北斗产业发展密切相关。鉴于北斗系统的应用已融入各领域,相关产业已经成为城市产业集群的重要组成部分,部分省会城市或省辖市也制定了相关政策。多年来各地区北斗应用与产业化迅速发展,较为快速地形成了基础产品、应用终端、应用系统和运营服务构成的产业链,得益于各地方政府以服务国家总体战略为目标,立足行业特色和地区优势,发布大量卫星导航相关政策法规,充分调动资源优势,形成制度合力。通过对五大产区多年来产值年度增速与其政策法规制定数量进行对比分析发现,五大产区卫星导航与位置服务产值的年度增速状态与该地区发布的政策法规数量密切相关,某一产区卫星导航政策法规发布的数量越多,往往也意味着该产区卫星导航与位置服务产值增长速度越快。这充分说明了政策法规在推动区域卫星导航产业发展中起到了重要的作用(见图 12)。

---

① 参见中国卫星导航定位协会:《2023 中国卫星导航与位置服务产业发展白皮书》,中国卫星导航定位协会 2023 年版。

京津冀地区

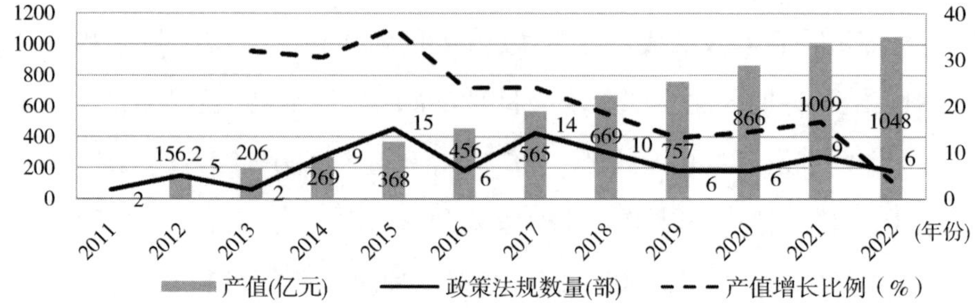

长三角地区

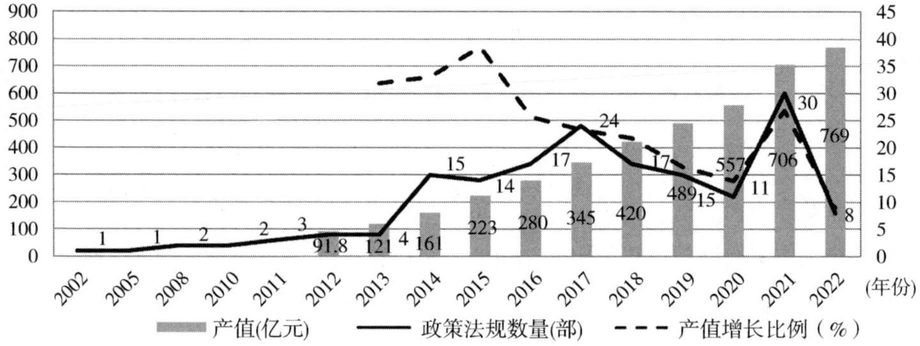

珠三角地区

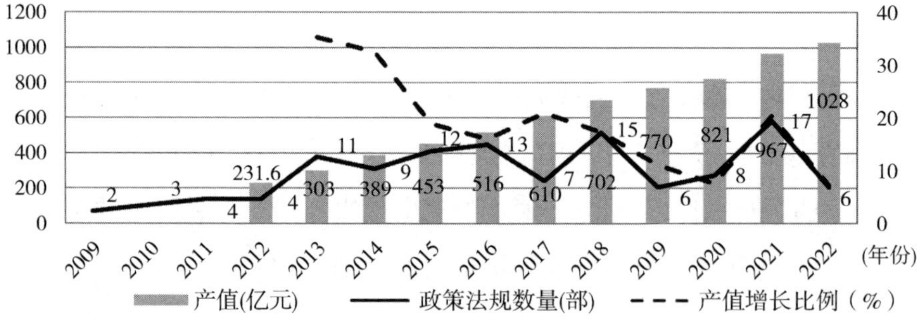

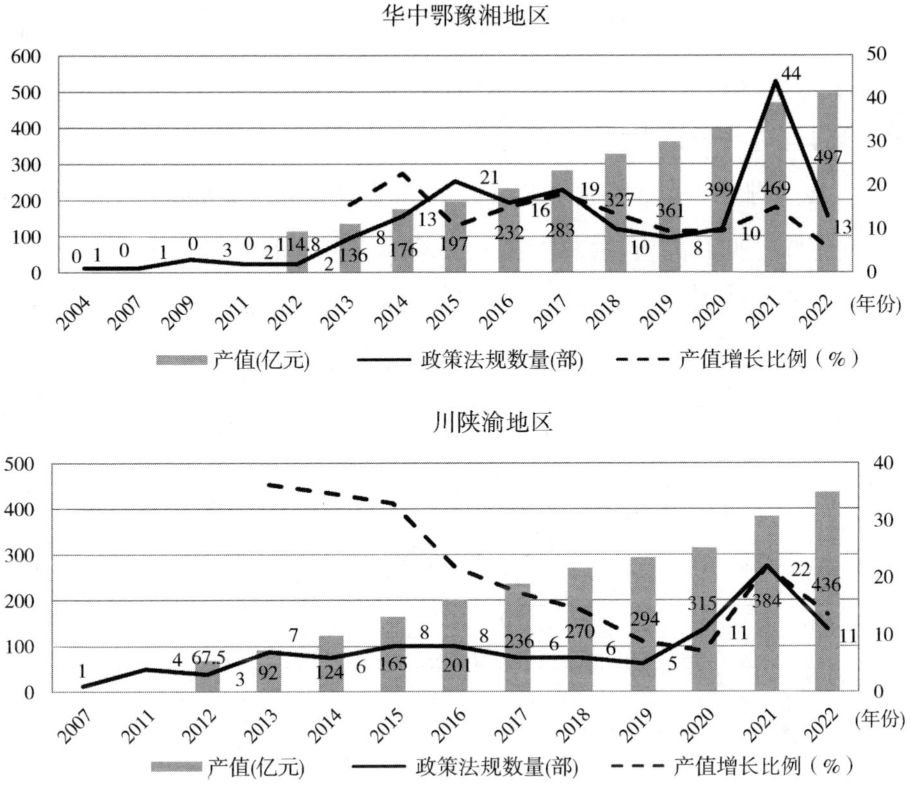

图 12　卫星导航五大产区产值增速情况与政策法规数量

(一)京津冀地区相关政策

2015 年 4 月 30 日,中共中央政治局召开会议,审议通过《京津冀协同发展规划纲要》。该纲要指出,推动京津冀协同发展是重大国家战略,核心是有序疏解北京非首都功能,要在京津冀交通一体化、生态环境保护、产业升级转移等重点领域率先取得突破。2017 年 3 月,北京、天津和河北三地的经济和信息化委员会联合发布《京津冀协同推进北斗导航与位置服务产业发展行动方案(2017—2020 年)》,明确了京津冀北斗产业的重点任务,并建立了完善的保障措施，以“需求引领、统筹协调”“重点突出、协同推进”“规模应用、互利共赢”“深化合作、创新驱动”为原则，旨在充分利用现有北斗导航与位置服务产业基础设施和成果，围绕公共安全应急保障、交通与物流、养老等领域开展规模化应用，通过促进共用共建共享协调发展，推动北斗基础设施一体化、应用示范一体化和运营服务一体化；通过组织管理、资金投入和政策标准等方面的可持续保障，不断挖掘新的应用需求，推动京津冀北斗规模化应用和产业协同发展，显著提升产业创新力和竞争力。京津冀地区依托首都资源优势，发挥产业政策功能，出台了 90 余部卫星导航相关政策法规，有力推动了京津冀地区北斗卫星导航产业的发展（见图 13）。

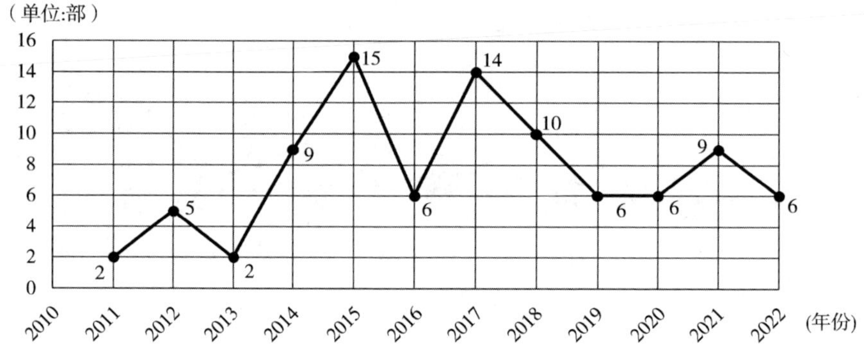

图 13　京津冀地区发布的卫星导航相关政策法规数量

1. 北京

北京在北斗导航与位置服务技术创新方面具有明显的资源集聚优势，全市汇集了北斗导航领域众多龙头企业和技术人才，拥有国内众多高校及科研机构。北京陆续推出北斗卫星导航产业政策，进一步利用本地区优势，推动本地区北斗卫星导航产业发展。

一是制定发布北斗卫星导航产业发展综合性和专项政策。2011 年 7 月，《北京市人民政府关于印发北京市加快培育和发展战略性新兴产业实施意见的通知》提出，将北京建设成为具有全球影响力的科技创新中心和国家战略性新兴产业策源地，并根据全市产业发展基础、特点以及面临的形势，提出现阶段重点培育和发展产业基础好、技术能力强、带动效应高的新一代信息技术、生物、节能环保、新材料、新能源汽车、新能源、航空航天、高端装备制造八个领域。在航空航天方面，该意见要求积极支持发展北斗系统，以加快发展面向应用需求的卫星遥感产业集群。2012 年 11 月，北京市经济和信息化委员会发布《北京市推进北斗导航与位置服务产业发展实施方案》。这是北京发布的第一部关于卫星导航产业发展的专项政策文件，明确了技术创新发展、产业链条发展、运营平台建设、典型应用推广以及建设特色园区五大任务；确立了应用示范工程、知识产权工程和公共平台工程三大重点工程，并从组织协调、政府支持、投融资渠道拓展、创新联盟建设、人才引进以及新闻推广六个方面做好北斗产业发展的保障措施，以确保北京导航与位置服务产业在全国的领先优势，将北京建设成为国际水平的导航与位置服务应用示范城市。2020 年 9 月，在北斗三号组网成功之际，北京市经济和信息化局发布《北京市关于促进北斗技术创新和产业发展的实施方案（2020—2022 年）》，提出要紧紧围绕北京市“四个中心”的战略定位，抓住北斗迈向综合时空体系升级跨越发展的新机遇，构建“高精度信号网 + 区域室内定位网”和“北斗导航与位置服务产业公共平台 + 空间数据运营服务云平台”的服务体系，推动“北斗 + 位置服务”“物联网 + 北斗”“人工智能 + 北斗”“5G + 北斗”的技术创新模式，实施“北斗 +”7 大应用示范平台，打造北斗特色基地等，为推动北京市的北斗技术创新和产业发展提供了宏观指导和具体发展路径。

二是制定了“能用尽用”的北斗应用推广政策。2012 年至 2020 年，北京市涉及北斗卫星导航应用的政策法规多达 20 余部，所涉应用包括污染防治、旅游、交通运输、智慧城市、电子商务、物流、信息服务等。在污染防治方面，《北京市大气污染防治条例》《北京市危险废物污染环境防治条例》规定在运输垃圾、渣土、砂石、土方、灰浆等散装、流体物料以及运输危险废物的车辆应安装卫星定位装置并确保其正常运行。在电子商务方面，《北京市“十三五”

时期电子商务发展规划》提出要鼓励企业利用大数据、云计算、物联网、北斗导航、人工智能等技术，提升数据处理和分析能力，捕捉消费者个性化消费需求，提高企业运营效率和营销水平，并将其列为推动电子商务领域科技创新的重点路径。在交通运输方面，《北京市智能网联汽车创新发展行动方案（2019—2022 年）》提出发挥北京市智能交通、北斗导航、位置服务的技术优势，大力发展以车路协同为核心的智能路网技术，推动完善智能路网设施。在物流方面，《关于推进北京市物流业降本增效的实施意见》提出利用北斗导航、物联网、云计算、大数据、移动互联等先进信息技术赋能物流应用。在信息化和新兴领域，北京市发布了一系列政策，如《中共北京市委、北京市人民政府关于加快培育壮大新业态新模式促进北京经济高质量发展的若干意见》《北京市人民政府关于积极推进"互联网 +"行动的实施意见》等，重点推动北斗与新兴技术的融合发展，培育新业态。

2. 河北

河北充分利用紧邻京津、率先承接首都有关产业外迁的特殊区位优势，积极制定出台系列政策加快推动省内北斗产业发展。

一是制定发布北斗卫星导航产业发展综合性和专项政策。2014 年 2 月，《河北省人民政府办公厅关于推进卫星导航产业快速发展的意见》发布，这是河北省为贯彻落实我国《国家卫星导航产业中长期发展规划》发布的第一部专门针对卫星导航事业的政策文件，文件指出要按照国家部署，做好国家规划确定的基础工程、创新工程、安全工程和大众工程等重大工程在河北省的落地实施，加快卫星导航示范应用建设，支持卫星导航技术、产品的研发，加强卫星导航创新平台和服务体系建设，为国家卫星导航基础设施的布局落户提供相关条件，配合做好北斗系统在各重点领域和行业的应用推广工作等。

二是制定促进北斗系统在行业应用的措施。在交通领域，《河北省道路运输条例》规定道路运输车辆要按照国家标准安装卫星定位电子设备。在 2017 年发布的《河北省人民政府办公厅关于印发河北省综合交通运输体系发展"十三五”规划的通知》中，在推广智能化服务应用方面，要求“推动北斗系统在通用航空、飞行运行监视、列车运行控制、车辆监管、船舶监管、海上应急救援、机载车载导航等方面应用”。在应急救援领域，2017 年 4 月发布的《河北省“十三五”时期应急体系建设规划》，要求“运用卫星、遥感、北斗导航、互联网等现代科技手段，提高灾害信息获取、模拟仿真、分析预测、应急通信保障等方面能力，增强灾害监测预警、灾害风险与灾害损害评估、社会影响评估、应急处置与恢复重建等工作的科技含量，全面提升我省应对重大自然灾害的应急反应能力、决策能力和指挥水平”。在农林牧渔领域，2019 年 9 月发布的《河北省人民政府关于加快推进农业机械化和农机装备产业转型升级的实施意见》中，在实施智慧农机提升行动方面，要求“加快物联网、大数据、移动互联网、智能控制、卫星定位等信息技术在农机装备和农机作业上的应用”。在森林草原火灾防治方面，2020 年 5 月发布的《关于进一步加强人防物防技防切实做好森林草原防灭火工作的意见》指出，要充分利用北斗卫星定位技术，在河北省北斗导航定位网基础上，建立全省统一的巡护力量北斗定位管理平台，为相关巡护人员和车辆配备北斗定位终端，实现巡护力量、巡护装备实时动态网络调度、指挥、管理，以实现高效率巡护和扑救。在互联网等新兴领域，2015 年 12 月发布的《河北省人民政府关于推进“互联网 + ”行动的实施意见》，在“互联网 + ”制造业方面，要求“加强射频识别、传感元器件、北斗终端、基带芯片、无线传感器网络等关键技术攻关”；在推进信息网络基础设施建设方面，要求“推进基于北斗卫星导航连续运行基准站、地理信息时空云平台建设，实现京津冀现代测绘基准、数据标准等一体化”。

此外，河北省还发布了对北斗系统应用示范工程等高技术产业予以资金和政策上倾斜支持的相关文件。如河北省 2014 年和 2015 年连续发布的关于战略性新兴产业专项资金项目申报工作的通知，以及早在 2012 年就发布的《河北省国家科技惠民计划项目管理和实施细则(试行)》，均将卫星导航应用示范工程列为支持重点，以推动北斗系统相关产品在重要行业和领域的规模化应用。

三是发挥省会城市带动作用。2013 年 12 月,河北省科技厅、石家庄市政府联合颁布实施了《河北省卫星导航与位置服务产业(石家庄)科技发展实施方案(2013—2020 年)》。该方案提出以石家庄市为重点,面向全省,培育打造卫星导航与位置服务产业,包括六大任务、四大工程和七大保障措施,在推进河北省导航与位置服务产业关键技术、核心部件和重大产品创新,培育完善北斗导航产业链与卫星导航服务链,建设卫星导航与位置服务产业集群,带动全省相关产业发展等方面发挥重要的支撑和推动作用。

3. 天津

天津为我国的重要直辖市和科研生产优势资源富集区,积极抢抓北斗产业发展机遇。一是制定发布北斗卫星导航产业发展综合性和专项政策法规。2014 年《天津市人民政府办公厅转发市经济和信息化委关于促进我市信息消费扩大内需实施意见的通知》(已失效)提出北斗产业应用推广政策,明确鼓励和引导智能终端产品创新发展,支持智能手机、北斗卫星导航定位、智能电视、数字家庭、消费类电子等智能终端产品研发及产业化。2017 年,《天津市人民政府关于印发天津市进一步扩大和升级信息消费实施方案的通知》提出,开展智能交通示范区建设,加快推进车联网、北斗导航等的应用,提升指挥调度和全方位综合交通信息服务能力。同年,《天津市加快推进智能科技产业发展总体行动计划》《天津市智能交通专项行动计划》等多项专项行动计划,提出支持北斗高精度定位等核心技术研发,在各类营运车辆上推广安装北斗导航,支持全球定位系统(GPS)、北斗双模导航等多项推广措施。2019 年《天津市车联网(智能网联汽车)产业发展行动计划的通知》,提出推进包括基于第三代北斗系统的高精度差分基站等设施在内的基础设施建设,以夯实车联网产业发展基础。2021 年,《天津市人民政府办公厅关于印发天津市综合交通运输"十四五"规划的通知》《天津市人民政府办公厅关于印发天津市应急管理"十四五"规划的通知》《天津市人民政府办公厅关于印发天津市海洋经济发展“十四五”规划的通知》等天津市多个领域的“十四五”规划中明确鼓励发展北斗应用产业，提出推进5G、北斗等在交通运输领域的研发应用，加强北斗技术与卫星遥感、5G通信、人工智能等高科技手段深度融合，开展北斗/GPS探空系统、大气波导探测系统等研制的重点工作内容。

二是推动北斗系统在相关行业的统一应用。2021年《天津市港航管理局关于印发天津市港航管理局公务用车管理规定的通知》(2021年修订)第11条规定“局公务用车实行标识化管理和行驶轨迹监控，安装统一北斗卫星定位系统并进行标示喷涂”。有力推动了北斗系统在公务用车中的统一应用。

(二)长三角地区相关政策

长江三角洲地区包括上海市、江苏省、浙江省和安徽省四个地区，是我国经济发展最活跃、开放程度最高、创新能力最强的区域之一，拥有强大的资金和市场优势，是率先开展卫星导航产业发展的区域之一，共出台卫星导航相关政策法规160余部(见图14)。2017年，上海、江苏、浙江和安徽四地的经济信息化委印发了《长三角区域信息化合作“十三五”规划(2016—2020年)》，对“十三五”时期长三角地区的信息产业发展作了整体规划，指出到2020年，建成适应区域协同融合发展需要的信息基础设施，建成一体化智能公共服务体系，发挥信息化对长三角经济社会协同发展的支撑、引领驱动和协同联动作用，在区域内实现资源整合和要素集聚，加快长三角区域经济一体化进程。为实现这些目标，该规划提出了4大重点发展任务和12项重点建设工程。其中，卫星导航数据信息服务利用和开发被作为推进任务之一，即“推进区域社会信息化融合发展”的重要手段。2019年12月，中共中央、国务院印发《长江三角洲区域一体化发展规划纲要》。这是2018年11月习近平总书记在首届中国国际进口博览会上宣布支持长江三角洲区域一体化发展并上升为国家战略后，我国发布的第一部指导长三角地区当前和今后一个时期一体化发展的纲领性文件，也是制定相关规划和政策的依据。该纲要特别强调，要加强长三角现代化测绘基准体系建设,实现卫星导航定位基准服务系统互联互通,要支持北斗导航系统率先应用,建设南京位置服务数据中心,打造数字长三角;要加强大数据、云计算、区块链、物联网、人工智能、卫星导航等新技术研发应用,推动产业创新深度融合等。

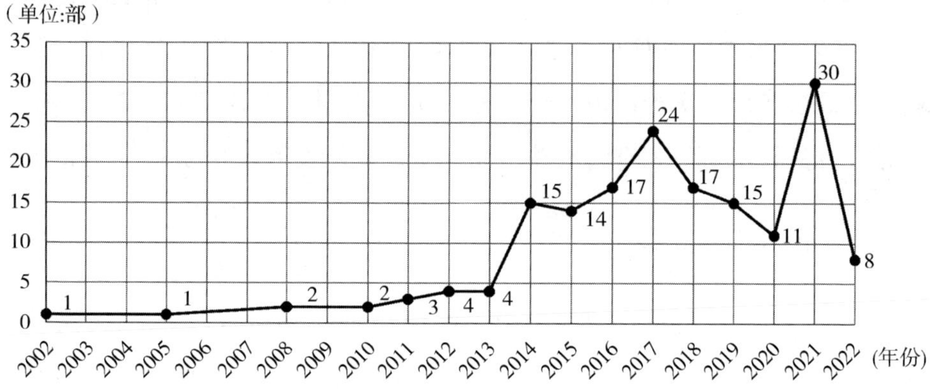

图 14　长三角地区发布的卫星导航相关政策法规数量

1. 上海

上海是长三角区域的经济中心,也是卫星导航产业发展的重点区域。早在 2008 年 11 月,上海市交通运输和港口管理局发布了《上海市道路危险货物运输车载卫星定位系统使用和管理规定》,以监督管理道路危险货物运输单位使用车载卫星定位系统,保障危险货物运输安全。2011 年 8 月,《上海市交通港口局、市公安局、市安全监管局、市经济信息化委关于进一步加强道路运输车辆动态监管工作的通知》发布,明确利用卫星导航系统的定位终端加强车辆动态运输监管,推动了北斗系统在交通运输领域的发展。随着卫星导航产业发展潜力的显现,上海市陆续出台了推动北斗卫星导航产业发展的政策。2012 年 2 月,上海市发布了《关于本市加快培育和发展战略性新兴产业的实施意见》,将卫星导航领域列入重点新兴领域专项工程,并提出要建设发展上海市战略性新兴产业示范基地。2013 年 2 月,上海市人民政府发布了《上海市推进战略性新兴产业“卫星导航”专项工程实施方案(2012—2015年)》,提出了“兼容并举、聚焦两头、培育龙头、示范带动”的发展思路,将通过纳入政策规划明确产业定位、制订专项推进方案引导产业科技发展、配套扶持政策改善营商环境、多种社会手段加速市场拓展的产业发展推进策略,提升了地区竞争力。2013年6月,我国首个北斗区域示范工程——长三角卫星导航应用示范工程落地上海市青浦区全面启动实施,成为长三角卫星导航产业发展的重要标志性节点。此后,上海市通过需求牵引、政府引导、平台建设、政府扶持等手段,有重点地推动长三角地区北斗卫星导航规模应用与产业化,特别是在智慧城市、测绘、防灾减灾、战略新兴产业以及农林牧渔等领域不断取得新进步,上海始终保持在卫星导航产业发展的强大活力和独特优势。

2. 江苏、浙江、安徽

江苏高度重视北斗系统在高新产业、智慧城市建设等领域的应用推广。在智慧城市建设相关的综合性规划中明确了推动北斗系统应用发展的要求。2013年8月,江苏省人民政府发布《关于印发创新型省份建设推进计划(2013—2015年)的通知》,提出加强包括北斗通讯在内的前瞻性产业的培育。2014年9月,江苏省发布《智慧江苏建设行动方案(2014—2016年)》,提出智慧产业倍增发展行动,加快发展包括北斗导航在内的六项新型智慧产业。2018年9月,《江苏省人民政府办公厅关于印发智慧江苏建设三年行动计划(2018—2020年)的通知》提出,在城市基础设施智能化工程方面,“加快北斗卫星导航系统建设,完善公共技术支持和运营服务平台”。

浙江省主要通过中国制造2025浙江篇、“互联网+”行动计划、大数据发展计划军民融合战略等规划,推动北斗系统与各项高新技术融合发展。2015年12月,《中国制造2025浙江行动纲要》印发实施,要求在专用集成电路与新型元器件等方面,大力发展基于北斗卫星导航的应用电子产品。2016年1月,《浙江省“互联网+”行动计划》印发实施,提出以提升公共服务能力和效率为核心,重点推广运用北斗或全球定位系统(GPS)卫星导航,着力推进“互联网+海洋港口”转型发展。

安徽省先后发布了软件和大数据产业、物流业、战略性新兴产业、信息化产业等行业“十三五”规划以及《中国制造2025安徽篇》和《支持数字经济发展若干政策》,为“十三五”时期北斗系统的应用发展指明了方向。除上述总体性规划外,江苏、浙江、安徽还分别发布了各行各业发展具体实施方案,如农机购置补贴、促进信息消费、加快绿色低碳交通发展、地质灾害应急预案等,推动北斗系统赋能各行各业。

(三)珠三角地区相关政策

珠三角地区依托区位、资金、机制等优势,发展以引进、组装、制造卫星导航终端产品为主的产业格局,是我国卫星导航与位置服务终端设备的主要生产区域,也是国内卫星导航产业配套能力最强、应用市场最为成熟的区域。珠三角地区卫星导航总体产值达到1028亿元,在五大区域的产值中位居第二。[①] 特别是广东省、福建省在卫星导航产业的技术优势、行业经验、产业比重、产量规模、出口优势、政策支持等方面都成效显著,共出台政策法规110余部(见图15)。

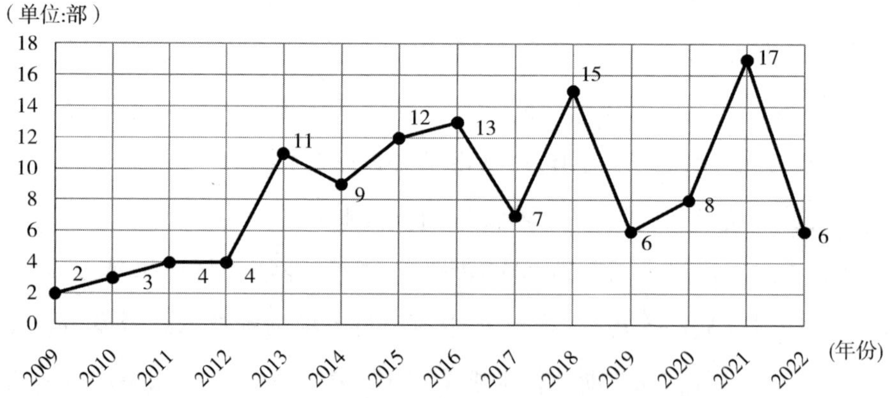

图15 珠三角地区发布的卫星导航相关政策法规数量

① 中国卫星导航定位协会:《2023中国卫星导航与位置服务产业发展白皮书》,中国卫星导航定位协会2023年版。

在综合性政策方面,广东于 2008 年发布了《珠江三角洲地区改革发展规划纲要(2008—2020 年)》,提出了"四年大发展"和"九年大跨越"两个阶段性目标,其中"九年大跨越"工作方案提出了 8 大行动任务,安排了 64 个重大项目,包括北斗卫星导航(中山)产业化基地建设。2013 年 7 月,广东省人民政府发布了《实施珠三角规划纲要 2013 年重点工作任务》,制定了"九年大跨越"重大项目 2013 年目标表,针对北斗卫星导航(中山)产业化基地建设提出了修改完善基地规划、启动北斗地基增强网络系统项目前期研究及论证、启动北斗应用居家养老示范屋项目前期研究及论证工作等具体目标。此后,2014 年、2015 年、2016 年、2017 年连续 4 年,广东省都发布了当年度的"实施珠三角规划纲要重点工作任务",从北斗基地孵化项目、北斗产业化基地用地规划、北斗产业基地孵化中心招商引资等方面加快建设北斗卫星导航(中山)产业化基地项目。

在专项政策方面,2016 年 6 月《广东省人民政府办公厅关于推动卫星导航应用产业发展的指导意见》公布。这是广东对卫星导航产业所作出的专项规划,提出加强基础设施建设、扩大北斗系统应用示范、促进技术创新、提升北斗卫星芯片和终端产品制造水平、推动产业融合发展、扶持卫星导航企业做大做强六项目标,并从配套政策、财政支持、税收优惠、金融服务和人才支持五个方面为卫星导航产业发展提供全方位保障,也为全省卫星导航产业发展提供了指导。

广东结合其他相关领域产业发展规划,布局北斗产业发展。广东充分发挥其新兴技术聚集优势,大力发展半导体和集成电路产业、高端新型电子信息产业、先进装备制造产业、智能制造产业,并推动卫星导航与这些高端产业相互支撑、协同发展。围绕"互联网 +"行动计划、现代物流业计划、人工智能发展规划、物联网发展规划、大数据发展行动计划等,促进卫星导航与互联网、人工智能、物联网、大数据等新兴技术融合发展,推动"互联网 +""北斗 +""+北斗"等新业态的发展。如《广东省人民政府关于印发广东省新一代人工智能发展规划的通知》明确提出，进一步推进深圳、珠海、佛山、惠州、东莞、中山等地的北斗卫星应用产业基地建设，开发交通、家居、城市管理等领域的北斗智能终端产品，加强北斗卫星技术在各大领域的应用。

在广东顶层规划的指导下，广州、惠州、深圳也制定了各项政策法规，保障卫星导航产业的发展。2012 年 11 月，深圳率先发布了《关于深圳市北斗卫星导航系统应用产业化实施方案》，围绕核心技术、企业发展、产业支撑、行业应用等设置目标，提出北斗地基增强系统、北斗时空服务平台和北斗产业创新平台三大基础工程，北斗导航系统应用核心元器件的研发与产业化、北斗应用技术系统研发与产业化、北斗智能手机终端研发与产业化和北斗车载智能终端量产四大产业工程，智慧交通应用、警务车辆管理和私家车服务与管理三大应用推广工程以及相关保障措施，并成立了深圳市北斗卫星应用产业化联盟。2014 年 3 月，《惠州市人民政府办公室关于促进我市北斗装备制造及应用产业发展的若干意见》制定了 2014 年至 2020 年惠州市北斗装备制造和产业发展目标，包括完善北斗服务平台建设、建设北斗产业园、打造具有特色的北斗制造产业、加快重点行业规模化应用、扩大大众应用规模、提升北斗自主科研能力等。可以说，就珠三角区域而言，政府的政策引导和支持为北斗卫星导航应用提供了有利条件，使其形成了独有的竞争力。

(四)华中鄂豫湘地区相关政策

华中地区包括我国河南、湖北和湖南三省，是我国中部崛起战略重点发展区域。为促进卫星导航相关产业发展，华中三省密集出台了多部相关政策法规，激发了华中地区在发展卫星导航产业方面的科研和人才优势，先后出台卫星导航相关政策法规 170 余部(见图 16)。

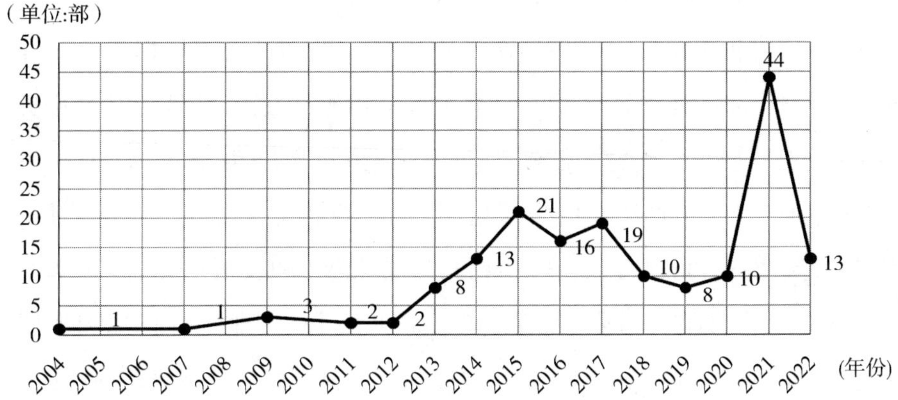

图 16　华中鄂豫湘地区发布的卫星导航相关政策法规数量

1. 湖北

以湖北省为主的中部地区，依托测绘地理信息领域拥有的人才和技术优势，形成了以武汉为中心的高精度定位服务和地理信息采集、处理、分析等为主的产业发展格局，是我国在该领域中同时拥有人才优势、技术优势、产业优势的重要区域之一。湖北省利用其相关产业体系完整，涉及领域众多，制定了一系列政策推动北斗产业与相关产业的融合发展。一是明确除将卫星导航应用于危险品管理、测绘、校车管理、航空等传统行业外，还侧重于北斗卫星导航产业与集成电路产业、信息基础设施、大数据、物联网等高新技术的融合；二是围绕科技创新发布了一系列规划，如《湖北省战略性新兴产业发展"十二五"规划》《湖北省人民政府关于国家长江经济带发展战略的实施意见》《湖北省人民政府关于印发湖北省科技创新"十三五"规划的通知》等，作出推动北斗产业的有关部署；三是制定了北斗卫星导航产业软环境建设有关政策，特别是《湖北省标准化体系建设发展规划（2016—2020 年）》，强调推进测绘地理信息基础技术标准化与城市建设、交通、公共服务等领域相融合的标准化工作，研制北斗导航与位置服务等测绘基础标准，促进科技成果产业化。

为更大力度地推动北斗产业发展，2013 年 12 月专门印发实施《湖北省北斗卫星导航应用产业发展规划(2014—2020年)》，就北斗卫星导航应用产业的发展现状、湖北省面临的形势等作了阐述和分析，提出了“把握北斗产业发展的重大契机，面向经济社会发展的重大需求和智慧城市、智能化社会服务的需要，加强统筹协调，以改革创新为动力，以科技创新为支撑，以企业为主体，建立政府引导、市场主导的发展机制”的指导思想，确立了“示范应用，引导市场；培育龙头，完善链条；开放合作，融合发展”的发展原则，分别从北斗卫星导航应用产业的经济发展目标、自主创新目标、产业集群目标和应用推广目标四个方面明确发展目标。围绕完善产业链、解决产业发展中的关键技术、促进基于北斗的智能化服务信息消费市场增长，布置基于北斗卫星时空基准的数据建设工程、北斗智能芯片及智能终端设备制造产业化工程、具有时空标识的各类数据获取及处理软硬件产业化工程、基于北斗的智能化服务应用工程四大领域的功能定位、发展方向、建设任务、开发指引等内容。

2. 河南

为加快推动北斗产业发展。2014年以来，河南省发布了《河南省人民政府关于建设高成长服务业大省的若干意见》(已失效)、《河南省人民政府关于推动生产性服务业加快发展的实施意见》、《河南省“十三五”现代服务业发展规划》、《2015年河南省服务业重点领域发展行动方案》，提出要着力发展壮大高成长性服务业，培育发展新兴服务业，改造提升传统服务业，与工业化、信息化融合，其发展重点之一就是依托北斗系统提供地理信息服务。在《河南省人民政府关于加快推进产业结构战略性调整的指导意见》中也将基于北斗卫星导航位置和地理信息服务的信息服务业转型作为全省产业结构转型的重点。2014年河南省发布《“宽带中原”战略及实施方案》，贯彻落实国家“宽带中国”战略，提出完善北斗卫星导航地面应用基础设施，加快建设以北斗系统技术为核心，融合移动通信、互联网、卫星通信、卫星遥感、地理信息等技术的中部位置服务基地建设，培育北斗导航等新兴产业，满足各行各业信息服务需求。《河南省人民政府关于加快推进信息化促进“四化”同步发展的意见》中还提出了要完善北斗卫星导航基础设施，推进北斗卫星导航和授时规模化应用，拓展位置信息服务和地理信息服务市场，扩大信息服务消费需求。

在专项政策方面，2016 年 5 月，《河南省北斗导航产业三年(2016—2018 年)发展行动计划》印发实施。该计划是河南省北斗导航产业发展、培育战略性新兴产业的标志性文件。该计划就河南省发展北斗导航产业的内涵意义、指导思路、基本原则、发展目标、发展方向、重点工作、保障措施等作出了规定，明确了特殊领域推广应用、重点行业示范应用、社会服务鼓励应用、大众消费推广应用和装备制造融合应用五个发展方向。

3. 湖南

湖南省致力于将卫星导航产业打造成为全省经济的新引擎，出台了促进北斗产业应用发展的专项规划和一系列扶持政策。在综合性政策方面，2015 年 10 月，湖南省人民政府发布《湖南省实施“互联网 +”三年行动计划》，提出利用“互联网 +”北斗发展互联网公共交通服务、“互联网 +”现代农业，建设覆盖全省的北斗卫星导航地基增强系统，推动相关行业应用向北斗系统迁移。2015 年 11 月，湖南省人民政府发布《湖南省贯彻〈中国制造 2025〉建设制造强省五年行动计划(2016—2020 年)》，将北斗卫星导航作为智能终端和信息通信设备以及航空航天等重点领域的重要技术及产业组成部分予以推进。在专项政策方面，2014 年 5 月《湖南省国土资源厅办公室关于加快卫星导航定位公共服务平台建设与应用的通知》指出湖南省卫星导航定位公共服务平台将是全省现代测绘基准体系的重要组成部分，能为用户提供实时、优质的位置服务，因此该通知强调要进一步建设卫星导航定位公共服务平台建设，融合北斗导航定位服务，加快公共服务平台建设升级。2017 年 1 月，湖南省经济和信息化委员会印发《关于促进湖南卫星应用产业发展五年行动计划》，指出要依靠国防科技大学的人才优势和省内卫星导航技术检测中心平台资源，拓展卫星技术在经济、社会、生态、军工等领域应用的广度和深度，为建设服务和制造强省服务。2020 年,湖南省自然资源厅发布《湖南省卫星导航定位基准站建设与服务管理办法》,为卫星导航基准站的建设、维护、服务以及监督管理提供了规范。除省级相关政策法规建设外,长沙市也积极推进卫星导航产业发展工作,如 2014 年长沙市人民政府印发《关于加快北斗卫星导航应用产业发展的意见》,提出在麓谷高新区建设北斗卫星导航产业基地;随后发布《长沙市北斗卫星导航应用产业发展规划(2014—2020)》,提出了北斗产业发展目标;2016 年发布《加快北斗产业发展三年行动计划(2016—2018 年)》,提出要将长沙打造成"北斗之城"。除了政策文件的频繁出台外,政府还针对企业给予了大量的支持政策,2014—2016 年长沙市政府每年安排 5000 万元作为北斗卫星导航应用产业发展专项资金。

(五)川陕渝地区相关政策

川陕渝地区主要是指我国西部地区的四川、陕西和重庆,该地区主要依托所在地航天、航空部门的技术、设备、人才等优势,同时借助西部大开发与高新技术产业化等历史机遇,将卫星导航产业嵌入各行各业予以推进,先后出台卫星导航政策法规近百部(见图 17)。

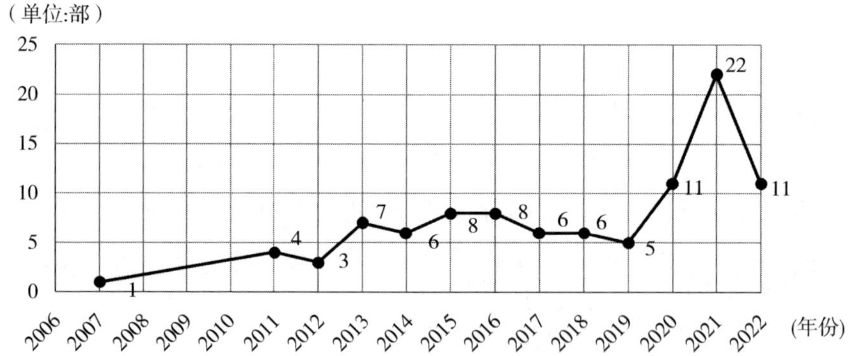

图 17　川陕渝地区发布的卫星导航相关政策法规数量

1. 四川

四川省高度重视北斗卫星导航产业，将其纳入全省整体阶段性发展规划予以重点筹划和安排。2011 年，根据《国家发展改革委关于印发成渝经济区区域规划的通知》中有关做强工业主导产业，提升运载火箭配套生产能力，提高卫星导航、遥感、通信应用技术水平，积极拓展国际市场等国家要求。2015 年《四川省人民政府关于创新重点领域投融资机制鼓励社会投资的实施意见》鼓励和支持民间资本进入北斗导航与位置服务领域，并制定激励措施以加快信息基础设施建设。2021 年《四川省国民经济和社会发展第十四个五年规划和二〇三五年远景目标纲要》提出数字基础设施重大工程，要求建设新型卫星互联网，推进西部北斗产业园重大项目，拓展北斗位置服务创新应用。除了上述整体规划外，《四川省道路运输条例》《四川省测绘管理条例》，以及智能网联汽车发展产业、电子商务产业、地理信息产业、林业有害生物防治工作、应急等行业发展意见，都包括在各行业推广应用北斗系统的内容中。此外，2013 年、2014 年和 2018 年，四川省分别发布了《关于促进信息消费扩大内需的实施方案》《四川省 2014 年度促进信息消费扩大内需重点任务分工及计划》《进一步扩大和升级信息消费持续释放内需潜力实施方案》，提出推进“四川省北斗卫星导航综合应用示范工程项目”建设，发挥四川省北斗技术优势，加快北斗应用终端推广普及，培育卫星导航产业的消费需求。

2. 陕西

陕西是我国航天领域实力最为雄厚的地区之一，拥有西北工业大学、西安交通大学等为代表的优势科教资源，空间电子信息技术研究院、航天恒星空间技术有限公司、中国兵器北方雷达和电子科技集团二〇六所等为代表的优势企事业单位，科研生产条件良好，技术实力雄厚，形成了卫星导航产业发展的雄厚基础。2011 年《陕西省“十二五”卫星应用产业发展专项规划》发布，从组织领导、投融资体系、税收政策、人才培养和产业发展环境全方位地保障陕西省卫星导航产业发展，特别是提出了围绕卫星通信、卫星导航和卫星遥感三大领域,推进研究院、产业联盟、产业创新、公共服务等四大创新工程,打造卫星通信广播、卫星导航终端及位置服务、北斗卫星空间基准授时、自主遥感信息、卫星载荷与测控、航天特色旅游等六大卫星应用产业链,建设陕西宽带卫星通信骨干网、卫星导航应用综合服务平台、卫星遥感应用综合服务平台等三大支撑平台,加快实施卫星数字文化传播、基于北斗系统的物流车辆监控与管理、卫星遥感应用等三大示范工程的卫星导航产业发展格局。不断拓展卫星应用领域,促进卫星应用国际合作与交流,推动卫星应用产业快速发展。

同时,陕西省发布了多项卫星导航相关行业政策和法规。一是发布促进卫星导航行业应用的政策。《陕西省人民政府关于促进信息消费扩大内需的实施意见》提出以国家北斗导航应用示范项目在陕实施为契机,在重点区域、重点民生领域和重点行业开展北斗导航示范应用,发展北斗卫星导航产业和应用,建设信息消费新型业态发展工程。二是规定卫星导航在各行各业中的应用事项。如在运输危险废物的专用车辆上安装卫星定位装置助力固体废弃物污染环境防治;通过建设卫星基准站网助力省内测绘事业;依托北斗卫星应用示范项目建设时空信息数据云平台,助力大数据应用示范工程建设;结合陕西省古文化密集的特色将北斗系统创造性地应用于田野文物监测和保护活动等。

3. 重庆

重庆市高度重视北斗卫星导航产业,将发展北斗产业纳入各类发展规划予以统筹安排,并在相关法规中制定有利于北斗应用推广的规定。一是在各类规划性政策中明确促进北斗应用和产业发展的要求,如 2016 年《重庆市人民政府办公厅关于印发重庆市测绘地理信息发展“十三五”规划的通知》,2017 年《重庆市人民政府关于印发重庆市“十三五”信息化规划的通知》《重庆市人民政府办公厅关于印发重庆市突发事件应急体系建设“十三五”规划的通知》,2021 年《重庆市人民政府关于印发重庆市制造业高质量发展“十四五”规划(2021—2025 年)的通知》《重庆市人民政府办公厅关于印发重庆市防震减灾"十四五"规划(2021—2025 年)的通知》等各领域综合性规划文件中明确提出促进北斗导航等新技术在该领域的广泛应用。二是应用卫星导航助力构建重庆市高新技术产业发展体系。如 2018 年《重庆市人民政府办公厅关于加快汽车产业转型升级的指导意见》《重庆市人民政府办公厅关于印发重庆市集成电路技术创新实施方案(2018—2022 年)的通知》,2020 年《重庆市人民政府关于新形势下推动服务业高质量发展的意见》《重庆市人民政府办公厅关于印发重庆市建设国家新一代人工智能创新发展试验区实施方案的通知》等政策性文件,将推动北斗应用作为促进服务业、人工智能、汽车产业、集成电路等领域创新高质量发展的重要建设任务之一。三是在相关法规中制定有利于北斗应用的条款。如 2011 年、2013 年、2016 年和 2017 年,重庆市分别制定(修订)了《重庆市水上交通安全管理条例》《重庆市出租汽车客运管理办法》(已失效)《重庆市网络预约出租汽车经营服务管理暂行办法》《重庆市大气污染防治条例》,规定在航行船舶,出租车运营车辆,网约车运营车辆以及运输煤炭、水泥、垃圾、渣土、砂石、泥浆等易撒漏扬散物质的车辆均应安装卫星定位系统或具有卫星定位功能的终端,促进了卫星导航在交通运输领域的应用范围。

四、涉外政策法规相支撑

中国的北斗,也是世界的北斗。国际化是北斗系统的天然属性和鲜明特征,北斗的涉外法治与国内法治深度交融、同频共振。我国积极参与卫星导航全球治理,践行共商共建共享的全球治理观,在全球卫星导航系统国际委员会(ICG)框架下处理卫星导航国际事务,参与卫星导航国际规则制定,推动卫星导航国际秩序朝着更加公正合理的方向发展。

(一)卫星导航多(双)边合作机制

1. 系统间兼容与互操作相关国际合作政策

作为联合国外空司全球卫星导航系统委员会认可的核心供应商,北斗系统自建设之初,就坚持“开放、兼容”的发展原则,分别同美国、俄罗斯就北斗系统与GPS、格洛纳斯系统的系统间兼容与互操作签署双边协议,与欧盟持续推动北斗系统与伽利略系统的兼容与互操作协调。

2014年以来,中美建立了卫星导航合作对话机制,签署了《中美卫星导航系统(民用)合作声明》《北斗与GPS信号兼容与互操作联合声明》,北斗信号与GPS信号实现了互操作。2014年中美签署发表《中美卫星导航系统(民用)合作声明》,阐明了双方愿意加强合作使北斗系统和GPS在全球广泛应用,并建立定期交流,设立工作组,定期会晤开展合作。2017年中美签署发表《北斗与GPS信号兼容与互操作联合声明》,声明中国卫星导航系统管理办公室与美国国务院空间与先进技术办公室共同建立中美民用全球卫星导航系统合作对话机制这一政府监督机制,并阐明双方就GPS与北斗系统的兼容与互操作达成共识,一是GPS与BDS在国际电信联盟框架下实现无线电频率兼容;二是GPSL1C和BDSB1C实现互操作,用户可联合使用,既可获得更好服务又不额外增加接收器成本或复杂性。

2015年年初,在中俄总理定期会晤委员会框架下,正式成立中俄卫星导航重大战略合作项目委员会,为两系统深化合作奠定了坚实基础;签署了《中华人民共和国政府和俄罗斯联邦政府关于和平使用北斗和格洛纳斯全球卫星导航系统的合作协定》等成果文件,为两系统优势互补、融合发展提供了组织保障。2021年12月,中国卫星导航系统委员会和俄罗斯国家航天集团签署了《2021至2025年中俄卫星导航领域合作路线图》(以下简称《2021至2025年中俄卫星导航合作路线图》),标志着中俄卫星导航合作进入新阶段,开启了新篇章。《2021至2025年中俄卫星导航合作路线图》由中俄双方联合拟制,纳入《中俄总理第二十六次定期会晤联合公报》,规划了2021年至2025年中俄卫星导航合作目标、优先合作项目以及综合保障措施。《2021至2025年中俄卫星导航合作路线图》的签署,为保障北斗和格洛纳斯系统间创新融合发展,进一步扩大两系统合作领域,丰富合作内容,促进两系统合作提质升级提供了规划指导，未来将更好地实现两系统优势互补、融合发展，推动中俄卫星导航领域合作项目务实深入开展，服务两国经济社会发展。2022 年 2 月，俄罗斯总统普京访华并出席北京冬奥会开幕式，国家主席习近平同普京举行会晤。访问期间，双方签署了《中国卫星导航系统委员会（中华人民共和国）与俄罗斯国家航天集团（俄罗斯联邦）关于北斗和格洛纳斯全球卫星导航系统时间互操作的合作协议》。

中国还与欧盟开展多轮会谈，持续推进北斗与伽利略系统间的频率协调，共同推动为全球用户提供更优质的卫星导航服务。

2. 北斗系统全球应用相关国际合作政策

习近平总书记指出："中国的发展得益于国际社会，也愿为国际社会提供更多公共产品。"北斗系统是中国践行"让各国人民共享发展机遇和成果"的典型公共产品。2018 年 11 月，联合国全球卫星导航系统国际委员会第十三届大会在中国西安召开。习近平总书记专致贺信，指出："中国愿同各国共享北斗系统建设发展成果，共促全球卫星导航事业蓬勃发展。"为建设透明开放、拥抱世界的北斗系统，相继签署中巴（巴基斯坦）、中泰、中俄、中沙、中阿（盟）、中伊（拉克）、中阿（根廷）等双边合作协议，与东盟、阿盟等区域组织和非洲、拉美等地区的国家开展合作与交流，举办北斗/GNSS 国际合作论坛，发布应用场景，推介解决方案，提高国际推广和应用水平。

在同阿拉伯国家合作方面，2004 年中阿合作论坛正式启动以来，论坛框架下已建立起中阿北斗合作论坛等 17 项合作机制，成为推动中阿关系发展的重要引擎，在国际上树立了跨区域合作的成功典范。中阿双方签署了《第一届中阿北斗合作论坛声明》《第二届中阿北斗合作论坛联合声明》，推动双方在卫星导航应用产业化、教育培训、测试评估、技术研发、北斗增强系统等领域开展合作。在此期间，中阿双方还陆续发布了两份《中阿联合北斗测试评价结果》，面向阿拉伯地区和全球用户全面展示北斗系统持续提升的服务能力。2021 年 12 月 8 日，第三届中阿北斗合作论坛成功举行，中阿双方签署了《中国—阿拉伯国家卫星导航领域合作行动计划(2022—2023 年)》《开展北斗中轨搜救服务及返向链路服务联合测试合作意向书》,充分利用北斗的特色能力,实现对阿拉伯地区高质量精准服务。近年来,中国和阿拉伯国家中的主要地区和大国,尤其是沙特阿拉伯,持续深化在北斗卫星导航领域的交流合作,举办专题研讨会,建立专项会晤机制,签署了《中沙卫星导航领域合作谅解备忘录》等一系列合作文件,有力推动了北斗系统在阿拉伯地区的扎根发展。

在同非洲国家合作方面,2021 年 11 月 5 日,第一届中非北斗合作论坛在中国北京,由中国卫星导航系统管理办公室、中国国家航天局、中非合作论坛中方后续行动委员会秘书处、塞内加尔数字经济与电信部、非盟委员会教育科技创新司,以线上线下相结合方式联合举办。论坛期间发布了《促进中非北斗卫星导航领域合作构想》和《北斗卫星导航系统在非十大应用场景》(以下简称《北斗在非十大应用场景》),倡导中非在卫星导航领域加强合作交流,提供了重要场景和解决方案。发布的《促进中非北斗卫星导航领域合作构想》成为中非在卫星导航领域加强合作交流,共享北斗系统建设发展成果的重要依据,《北斗在非十大应用场景》展示了北斗在非洲道路运输车辆管理、铁路行业、精准农业、国际搜救、国土测绘、数字施工、智慧矿区、公共安全、野生动物保护、精准时空智慧城市等领域的实际应用案例和解决方案,传递了未来的合作构想。

当前,北斗系统已在全球超过一半的国家和地区得到应用,向亿级以上用户提供服务,基于北斗的土地确权、精准农业、数字施工、防灾减灾、智慧港口等各种解决方案在东盟、南亚、东欧、西亚、非洲等区域的众多国家得到应用。北斗国际合作通过测试评估、技术研发、应用示范、教育培训等多种方式,与合作国加强卫星导航领域的技术合作交流,惠及民生福祉、服务社会发展,实现共同进步。

(二)卫星导航国际标准规则

为满足全球应用需求,中国政府持续推动北斗进入民航、海事、搜救卫星、移动通信、电工委员会等国际组织标准体系。至今,多项支持北斗的国际标准发布,国际移动通信组织发布支持北斗信号的5G标准,国际海事无线电技术委员会也发布支持北斗信号的差分数据标准协议,国际电工委员会发布北斗船载接收设备检测国际标准。北斗正在随着5G、民航、航海等产业走向全球。中国持续推动北斗系统进入国际标准组织、行业和专业应用等标准组织,使北斗系统更好服务全球用户与相关行业发展(见表1)。

表1　四大GNSS进入主要国际标准情况①

主要国际标准类型		GPS	GLONASS	BDS	GALILEO
国际民航组织(ICAO)标准	核心星座	√	√	—*	—
	增强系统	√	√	—*	—
国际海事组织(IMO)标准		√	√	√	—
国际海事无线电技术委员会(RTCM)标准		√	√	√	√
接收机自主交换格式(RINEX)		√	√	√	√
国际航海电子协会(IMEA/NMEA) NMEA0183标准		√	√	√	√
国际搜救卫星组织(COSPAS—SARSAT)标准		√	√	√	√
国际电工委员会(IEC)		√	√	√	√
国际移动通信第三代合作伙伴计划(3GPP)标准		√	√	√	√

注:表示北斗系统于2023年纳入。

国际民航领域标准。北斗系统相关技术指标通过国际民航组织验证,满

① 杨长风、杨军、杨君琳等:《北斗卫星导航系统规模应用国际化发展战略研究》,载《中国工程科学》2023年第25卷第2期。

足国际民航领域标准要求，具备为全球民用航空用户提供定位导航授时服务的能力。从2010年起，中国民航局开始大力推进北斗系统的国际标准化工作。在此后的10余年，在中国民航局的支持下，中国卫星导航系统管理办公室组织国内多家相关单位，开展了大量标准研究、指标验证、性能测试、国际协调等工作，突破了多项重大关键技术，在北斗系统国际标准化方面取得了重大进展。在2020年11月举行的国际民航组织导航系统专家组第六次全体会议（NSP/6）上，北斗三号系统189项性能指标技术验证全部通过，标志着北斗系统正式进入国际民航组织标准的最核心、最主要工作已经完成，该系统为全球民航提供服务的能力已经得到国际认可，进而为全面实施中国民航标准国际化战略、推进新时代民航强国建设与北斗系统工业标准制定、"十四五"期间全面推进北斗航空应用奠定了坚实基础。①

国际海事领域标准。北斗系统成为世界无线电导航系统重要组成部分，取得面向海事应用的国际合法地位。北斗船载接收设备检测标准正式发布，为国际海事设备制造商提供设计、生产和检测依据。北斗短报文通信服务加入国际海事组织全球海上遇险与安全系统稳步推进。

国际搜救领域标准。发布搜救卫星应急示位标国际标准。推动北斗返向链路纳入全球搜救卫星系统组织标准，开展返向链路国际兼容共用协调。

国际移动通信领域标准。国际移动通信第三代合作伙伴计划制定发布支持北斗信号的技术标准、性能标准和一致性测试标准，为2G、3G、4G、5G移动通信系统和终端使用北斗网络辅助定位和高精度定位功能提供重要支持。

国际数据交换标准。推动北斗进入高精度差分服务、通用数据交换格式、定位信息输出协议等接收机国际通用数据标准。

---

① 中国卫星导航系统管理办公室：《北斗三号加入国际民航组织标准取得重大里程碑成果》，载北斗卫星导航系统官网2020年11月18日，http://www.beidou.gov.cn/yw/xwzx/202011/t20201119_21468.html。

(三)推动构建公正合理的卫星导航国际秩序

中国积极参加联合国等国际组织和相关多边机制框架下的国际活动,坚持遵循国际秩序,营造公正合理的卫星导航国际法治环境。自北斗系统建设以来,中国就遵循国际电信联盟规则,开展卫星导航频率的申请与协调,合法使用频率轨位资源;积极履行国际责任,与各国共同推动S频段成为新的卫星导航频段。中国积极承担卫星导航大国责任,倡导在卫星导航领域制定公平公正的国际规则。当前,国际形势日趋复杂,推动构建更加公正合理的卫星导航国际秩序势在必行。中国将继续积极参与卫星导航国际规则制定,严格履行全球卫星导航系统供应商义务,继续秉持共商共建共享原则,与世界各国共同书写卫星导航国际规则,为北斗系统更好服务人类进步事业,为推动全球卫星导航事业发展提供制度保障。

第三篇　创新发展北斗管理保障模式

北斗系统建设覆盖领域广，关联要素多，安全风险高，专业技术特征鲜明，对法治管理保障的需求是全方位的，不仅涉及立法、司法、执法各个环节，战略规划、法律法规、组织规范等众多内容，交通、能源、农业、通信、气象、自然资源、生态环境、应急减灾等行业法治，还涉及管理运行机制、法治理论研究、法治人才队伍建设、法治宣传、法律服务等多个方面，做好法治管理保障工作是一项复杂的系统工程。经过近30年的努力，北斗系统的建设发展建立了精干权威的组织管理体制，完善了顺畅高效的服务保障制度机制，形成了具有北斗特色的管理保障模式，开创了一条符合中国国情和卫星导航发展规律的建设路子，这是实现北斗系统“三步走”发展战略的根本保障，也是北斗法治建设的重要成果。

一、优化完善组织管理体制

集约高效、规范协调的卫星导航组织管理体制是北斗法治实施的基础，也是北斗法治建设的重要目标之一。从决策建设北斗系统以来，我国秉承了航天工程总体管理模式，坚持钱学森“总体设计部”思想，实施集中统一领导，充分发挥北斗系统工程建设领导机构作用，构建多部门协同、责任清晰、分工明确、分级实施的组织管理体制（见图18）。[①]

---

① 参见中华人民共和国国务院新闻办公室：《新时代的中国北斗》，人民出版社2022年版。

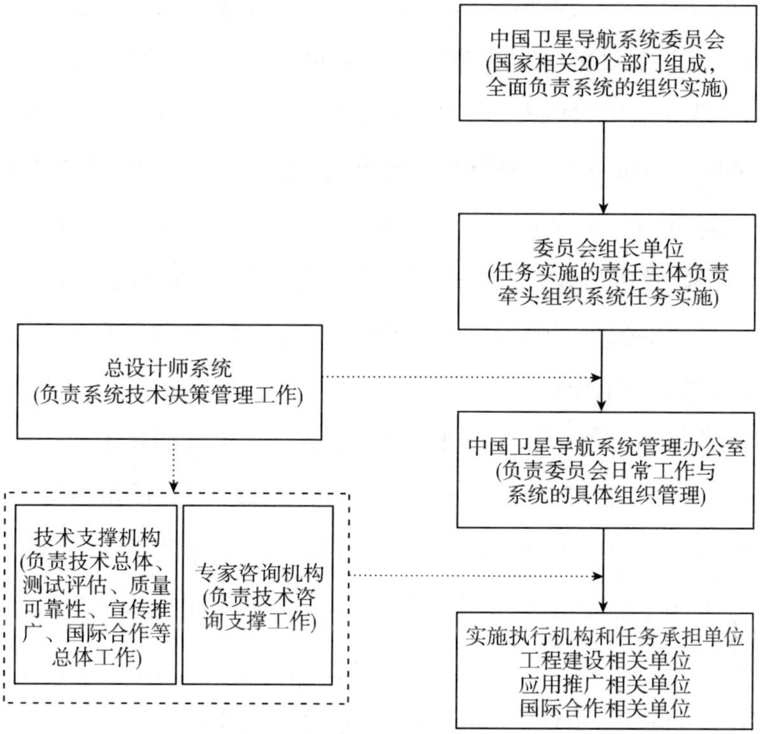

图 18　北斗系统工程建设组织管理体制机制①

在组织领导上，建立国家有关部门联合组成高效权威的专项领导机构，负责工程建设应用的总体设计、统筹指导、工作督导和重大问题协调，是北斗系统建设应用的行政指挥线。这一机构根据工程建设不同阶段特点要求，机构层级不断提升、担负职能不断拓展、成员单位不断扩充。在北斗一号工程中，主要适应突破技术、以建为主的特点，参照重大装备管理模式，由工程主管部门牵头负责专项领导机构的建设运行。在北斗二号工程中，考虑系统投资规模大、涉及领域多、协调范围广，为加强工程的集中统一领导，设立了北斗二号工程领导小组，组长单位为总装备部（现军委装备发展部），成员包括国家发展

① Changfeng YANG, Innovation and development of BeiDou Navigation Satellite System (BDS) project management mode [J]. Frontiers of Engineering Management, 2021, 8(2): 312 – 320.

改革委员会、财政部、交通运输部等国务院、中央军委十几家单位，工作职责也由主要负责工程建设拓展为统筹组织推进建设、应用、国际合作三方面工作。北斗三号工程中，积极适应全球化服务、规模化应用、产业化发展等新特点新要求，国务院批复成立了卫星导航系统重大科技专项领导小组，在北斗二号工程领导小组基础上，成员单位扩充至 20 多个军地有关部门，工作职能进一步扩充。近年来，党中央和习近平总书记深刻把握百年未有之大变局下国际竞争新态势，更加重视航天强国建设，卫星导航作为航天事业的重要组成部分，中央对其组织领导工作进一步加强。

在技术把关上，设立总设计师系统，构建工程建设的技术指挥线，负责工程系统的技术决策管理工作，区分技术总体、测试评估、质量可靠性、宣传推广、国际合作等不同专业和领域，设置总设计师、副总设计师、总设计师助理等，按业务组建专家委员会、专家组等专家咨询机构和技术支撑机构，发挥总体设计部作用。

为有力支撑行政指挥线、技术指挥线，高效有序推进北斗建设应用，专门设立中国卫星导航系统管理办公室，作为工程领导机构的具体办事机构，归口管理、具体组织北斗系统建设、应用和国际合作等有关工作。按照“小核心、大外围”总体设计部构建模式，组建在轨支持、测试评估、安全评估、质量可靠性、产业发展、学术交流、宣传、国际合作、国际交流培训、政策法规等分中心，在工程领导机构和总师系统的统一领导、系统管理办公室的统筹协调下，分工负责相关领域的工作推进。在工程统一组织领导下，卫星、运载火箭、运控测控等工程建设相关单位和应用推广单位、国际合作相关单位，共 400 多家单位 30 余万科研工作人员大联合、大团结、大攻坚，共同推动北斗系统建设应用。为确保组织机构的高效运转，构建导航委员会会议、大总体协调会、总师办公会和专题协调会等多层次、高效率的工作协调机制。为提高工程管理的规范化水平，专门制定重大工程管理规定，持续优化改进项目管理、质量管理、技术管理、运行管理、保密管理、经费管理、知识产权管理、国际合作与交流管理、标准化管理等制度规范的建设。

总体来看，北斗系统在组织领导上建立了由国家顶层、工程总体、任务落实三个层次组成的管理体制，国家顶层层次主要指中央专项领导机构，构成工程的战略管理顶层；工程总体层次主要指工程总师系统及相应的支撑机构，发挥着衔接战略顶层和任务落实层的关键作用；任务落实层次主要是指系统承研承制承试单位和应用推广、国际合作相关单位，具体执行落实相关建设发展和应用工作。

北斗系统是复杂航天系统工程的成功实践，丰富了航天管理体系的内涵。在继承我国传统航天工程管理模式的基础上，针对北斗系统特点实现了创新与发展，形成了中国特色的北斗系统工程管理体制。科学管理和管理科学成就了北斗系统建设的高质量、高速度和高效率。北斗系统建设过程中摸索和建立的创新管理体制，已经在北斗工程中得到充分验证，可以为航天及其他领域工程管理提供借鉴参考。后续将建设以北斗系统为基础，更加泛在、更加融合、更加智能的国家综合定位导航授时(PNT)体系，北斗工程管理体制也将随之不断创新、持续发展，推动北斗向更高层次、更高质量发展。

二、建立健全服务保障制度机制

北斗系统启动建设以来，准确把握工程技术跨度大、涉及领域广、参加单位多、建设周期紧、国际化程度高等特点要求，着力建立健全高效顺畅的服务保障机制，圆满实现科技创新与工程实现、系统建设与推广应用、技术突破与产业培育、国内应用与国际推广等方面的统筹推进。

(一)标准化建设制度

设立全国北斗卫星导航标准化技术委员会，专门负责北斗系统管理、建设、运行、应用、服务等技术领域的国家和国际标准化工作，负责制定、修订北斗系统相关的基础、工程建设、运行维护、应用等国家和国际标准。充分发挥标准的基础性、引领性作用,定期更新发布北斗卫星导航标准体系,加快北斗应用标准制定、修订。持续推动形成包括团体标准、行业标准、国家标准和国际标准在内的相互衔接、覆盖全面、科学合理的应用标准体系。截止到2022年,已累计立项国家标准52项,正式发布32项,正式发布北斗专项标准153项,同时积极推动北斗系统进入国际民航、国际海事、国际搜救、国际移动通信、国际数据交换等领域国际组织标准,取得重要突破和成果。① 北斗标准化工作对北斗产业优化升级、海外应用、国际影响力提升等发挥了不可替代的关键作用。

(二)知识产权保护制度

紧跟我国自主设计、自主建设、自主推进北斗系统的发展进程,不断加强知识产权保护工作力度,加快健全相关制度机制,制定有关卫星导航知识产权的规定,着力提升北斗卫星导航领域专利审查的质量效益,特别是针对北斗核心专利提供一系列便利措施,为北斗应用创新主体创造、运用、保护、管理知识产权提供服务保障;针对北斗高价值专利,建立识别遴选和评估确认机制,为保护北斗核心知识产权提供了制度保障。北斗知识产权保护机制的逐步建立和完善,有力激发北斗创新应用主体在知识产权创造、运用、保护、管理方面的动力和活力,自2017年以来,我国在卫星导航领域专利申请连续位居世界第一,到2022年达到10.98万件,年度增长率保证10%以上,这充分体现了知识产权保护的成果,也充分说明了我国卫星导航领域理论创新、技术攻关、优秀人才等方面的快速发展。②

---

① 中国卫星导航系统管理办公室:《〈北斗卫星导航系统建设与发展〉报告全文》,载北斗卫星导航系统官网2023年4月26日,http://www.beidou.gov.cn/zt/dhnh/dssjzgwxdhnh/nhdt13/202304/t20230427_26378.html? eqid=ec5d59de000af802000000066459eb9f&eqid=94b554ff001dd482000000066489b00b。

② 参见中国卫星导航定位协会编:《2023中国卫星导航与位置服务产业发展白皮书》,中国卫星导航定位协会2023年版。

(三)协同创新机制

着眼建设系统先进、功能强大、世界一流的全球卫星导航系统,高度重视协同创新机制建立健全。突出设计创新,严格工程总体论证和方案审查制度,确保工程设计理念、实施方案、建设路径等世界领先,实现在星座构型、技术体制、服务性能等方面的中国创造。突出技术创新,通过培育卫星导航科技创新中心、部署前瞻性的科研项目,构建技术攻关体系和产品研究体系,充分调动和运用国有企业、科研院所、高等院校、民营公司等多方面的人才和技术优势,构建分阶段组织、增量式发展、多功能集成,建立跨学科、跨专业、跨领域协同创新机制,以助力星载原子钟、大功率微波开关、星间链路等200余项关键技术实现快速突破。突出应用创新,制定北斗系统民用示范项目管理办法,瞄准具有较大应用规模、社会效益和经济效益显著的重要行业,结合国家发展战略,建立行业和区域示范项目遴选、过程实施、评估验收机制,形成系列综合应用解决方案、丰富北斗行业应用场景集,有力带动北斗规模化应用。

(四)竞争择优机制

北斗系统作为信息化时代经济社会运行时空基准的基础平台,应用范围广、市场需求大、发展前景好、各方参与度高,建立公平竞争、优胜劣汰的制度机制非常重要。北斗系统坚持过程公开透明、实物比测和方案评审相结合的项目阳光招标机制,有效激发参与主体的能动性,并设置资金配套要求,充分发挥财政"指挥棒"效应。打破项目终身制,通过年度实物测评,进行动态竞争调整,提升研制进度和质量,促进技术交流,实现系统建设高质量、高效益、低成本、可持续发展。

(五)运行维护制度机制

高效运维、稳定运行、可靠服务是卫星导航系统的生命线,也是对国际国内用户的庄严承诺。根据北斗系统运行维护需要,成立北斗系统安全稳定运行的专门组织机构,制定日常监管、风险管控、监测评估、精稳提升、平稳过渡等方面的工作制度和业务规范,为系统稳定运行提供组织和制度保障。建立常态保障机制,完善多方联合保障、运行状态会商、设备巡检维护等制度,规范协同顺畅、信息共享、决策高效的工作流程,不断提升常态化运行管理保障能力。建立监测评估机制,统筹优化北斗系统全球连续监测评估资源配置,对系统星座状态、信号精度、信号质量和服务性能等进行全方位、常态化监测评估,及时准确掌握系统运行服务状态。

(六)应用产业评估机制

着眼成体系打造要素完备、基础雄厚、创新活跃、良性健康的产业生态,充分发挥相关行业协会、学会的政企桥梁纽带作用,支持鼓励、积极打造多层级北斗产业联盟,着力加强产学研用的协同协作;面向重点行业、关键领域、主要区域、大众应用和国际应用,综合收集分析产业发展数据,建立健全应用信息反馈制度,按年度定期发布北斗产业发展白皮书。通过应用产业评估机制的创新建立和持续运行,有力推动了北斗系统供应链、产业链、创新链、政策链的共振耦合,不断优化产业发展生态,有效推动了应用产业的高质量、高速度、集群化发展。

(七)产品检测认证机制

建立北斗基础产品认证机制,颁发《市场监管总局关于开展北斗基础产品认证工作的实施意见》,定期发布北斗基础产品推荐名录,成立北斗基础产品认证技术委员会,构建检测认证公共服务网络平台,鼓励生产企业积极按照有关标准规范申请并通过认证,引导企业树立规范意识和质量意识,增强优质产品供给。北斗产品检测认证机制的建立健全,进一步提升北斗卫星导航产品整体质量水平,增强北斗卫星导航核心竞争力,保障北斗系统运行安全、应用推广及产业发展。

(八)信息公开机制

及时发布北斗系统官方信息是吸引凝聚各方关注、引导国家社会优质资源、提升用户感知度和信赖度的重要途径。建立北斗系统新闻发言人制度,在北斗系统建设重大节点通过国务院新闻办公室渠道举办新闻发布会,通报工程建设重大成果和最新进展,回应国内国际关注关切。定期权威发布北斗系统政府白皮书,系统阐述我国北斗系统的发展历程、建设成就、性能指标、政策主张和发展愿景,展示北斗系统公开、透明、开放的自信形象,表达北斗系统愿与世界其他卫星导航系统并肩携手,共同服务全球、造福人类的积极意愿,为构建人类命运共同体发挥重要作用。建设多渠道信息发布平台,依托北斗官方网站(www. beidou. gov. cn)、监测评估网站(www. csno - tarc. cn 和 www. igmas. org)、官方微信公众号(beidousystem)等渠道平台,发布系统建设运行、应用推广、国际合作、政策法规等相关信息,特别是及时更新发布北斗公开服务信号接口控制文件、公开服务性能规范、系统发展报告、应用服务体系等文件资料以及卫星发射入网、在轨测试、监测评估结果以及卫星退役退网等系统状态信息,为全球用户高效获取北斗系统服务信息提供便利。

三、构建全面支撑保障体系

(一)深入推进司法执法实践

随着卫星导航系统深度融入社会生产生活的各领域,依法维护卫星导航活动的秩序正逐步成为共识,依法执行卫星导航领域的政策规定逐步成为常态,依法处罚干扰卫星导航信号、恶意破坏卫星导航设备设施等行为,逐步规范运行我国在卫星导航领域的司法执法实践,加快走上法治化轨道。

严格规范卫星导航系统在交通领域的应用。通过要求在交通运输工具上安装卫星导航定位装置,就可以通过对相关位置信息的采集、分析实现对运输工具的实时监控、调度、货运货物配载、客运电子站牌等功能,从而对重点交通运输工具进行有效监控管理。目前,我国要求公路营运的载客汽车、旅游客车、重型载货汽车、半挂牵引车、危险品运输车、从事巡游车运营服务的车辆、校车等重点车辆已经明确规定必须安装并使用符合国家标准的具有卫星定位功能的行驶记录仪。2012 年国务院发布《关于加强道路交通安全工作的意见》首次以规范性文件的形式对运输车辆动态监管进行了强调,是交通领域落实运营安全的重要指导性文件,对加装卫星定位装置的车辆范围、运输企业责任以及法律后果作出了系统规范,要求抓紧制定道路运输车辆动态监督管理办法,规范卫星定位装置安装、使用行为。旅游包车、三类以上班线客车、危险品运输车和校车应严格按规定安装使用具有行驶记录功能的卫星定位装置。鼓励农村客运车辆安装使用卫星定位装置。重型载货汽车和半挂牵引车应在出厂前安装卫星定位装置,并接入道路货运车辆公共监管与服务平台。运输企业要落实安全监控主体责任,切实加强对所属车辆和驾驶人的动态监管,确保车载卫星定位装置工作正常、监控有效。对不按规定使用或故意损坏卫星定位装置的,要追究相关责任人和企业负责人的责任。《关于加强道路交通安全工作的意见》的发布极大地促进了相关政策的出台和落实。例如,《校车安全管理条例》第 21 条第 2 款率先规定了"校车应当按照规定配备具有行驶记录功能的卫星定位装置"。《网络预约出租汽车经营服务管理暂行办法》《巡游出租汽车经营服务管理规定》及各地关于网络预约出租汽车经营服务管理相关规定,均要求从事网约车经营的车辆应当满足"安装具有行驶记录功能的车辆卫星定位装置、应急报警装置"的基本条件。此外,《道路危险货物运输管理规定》《危险货物道路运输安全管理办法》《放射性物品道路运输管理规定》等对运营车辆纷纷发布具体管理措施,落实运营车辆的安全监管责任。

在严格规定运营车辆强制安装卫星导航设备装置的基础上,部分法规规章对违规违法责任作出了明确的规定。如《道路货物运输及站场管理规定》规定,没有按照国家有关规定在货运车辆上安装符合标准的具有行驶记录功能的卫星定位装置的,由交通运输主管部门责令限期整改,整改不合格的,予以公示。不仅运营方须承担安装和监管的责任,《道路运输车辆动态监督管理办法》还强调了对卫星导航信号的保护以及对卫星定位系统平台的要求,规定任何单位和个人不得破坏卫星定位装置以及恶意人为干扰、屏蔽卫星定位装置信号,不得篡改卫星定位装置数据。卫星定位系统平台也需要保证可靠准确的服务,保证车辆动态监控数据真实、准确,确保提供监控服务的系统平台安全、稳定运行,该办法还就执行落实明确了法律责任和执法机构,如道路运输经营者使用卫星定位装置出现故障不能保持在线的运输车辆从事经营活动的,由县级以上道路运输管理机构责令改正。拒不改正的,处 200 元以上 800 元以下罚款。破坏卫星定位装置以及恶意人为干扰、屏蔽卫星定位装置信号的;伪造、篡改、删除车辆动态监控数据的,由县级以上道路运输管理机构责令改正,处 500 元以上 2000 元以下罚款。

上述规定,为各地各方履行职责、行政执法提供了明确依据,近年来,执法实践数量持续增多,程序逐渐规范,成效不断增大。根据各省区市行政执法公示平台数据不完全统计,截至 2022 年 12 月,因“未保持卫星定位终端设备使用功能完好”或“破坏卫星定位装置以及恶意人为干扰、屏蔽卫星定位装置信号”作出的行政处罚共有 2 万余例,多数情形为“未安装定位装置”“破坏、干扰定位装置”“使用卫星定位装置出现故障不能保持在线的运输车辆从事经营活动”等。

近年来,多个地区的无线电管理机构依法开展了执法活动,打击数起非法干扰卫星导航信号的行为,有力保障了导航信号的使用安全。2020 年年底,金华某地发生干扰民航卫星导航信号案件,这是浙江首起非法干扰卫星导航系统信号案件。金华市无线电管理局积极开展干扰排查工作,以“查明一个干扰,解决一类问题”的态度潜心研究方案,在浙江省经济和信息化厅无线电管理局、省无线电监测中心的指导下，攻克技术难关，成功定位并取缔了在金华区域内的干扰源，有效保障了航空领域无线电用频安全。经查，涉案企业为防范无人机投放非洲猪瘟病毒，未经无线电管理部门许可擅自设置并使用了该无人机反制设备。依据《无线电管理条例》及相关规定，金华市无线电管理局对涉案企业作出了罚没涉案的无人机反制设备并处罚款 3 万元的行政处罚决定。①

2022 年 10 月，大庆无线电管理机构接到大庆萨尔图机场干扰投诉，称部分航班机组反映接近机场附近时出现了卫星导航信号丢失、VOR 信号断续的现象，给飞行安全带来了较大隐患。大庆无线电管理机构立即启动干扰排查程序，联合机场和公安部门，成功处理了这起民航卫星导航信号干扰事件，依法取缔了两台卫星导航信号屏蔽器，有效保障了民航飞行安全。经查，这两部卫星导航信号屏蔽器是段某擅自设置使用的，用于屏蔽仓库内债务抵押车辆的卫星导航信号，以防止车辆被盗。随后，无线电管理执法人员依据《无线电管理条例》有关规定，对当事人擅自设置使用卫星导航信号屏蔽器的行为进行了调查取证和普法教育。②

2023 年 2 月，中山市工业和信息化局无线电监测站技术人员在对重点地域开展无线电业务用频监测活动时发现卫星导航频段出现干扰信号。经追踪定位，确定坦洲镇某围院内安装了 4 台卫星导航干扰器，影响了周边卫星导航信号的正常使用。执法人员在当地公安部门及村委的协助下，督促当事人拆除了非法私装的干扰器，按照《无线电管理条例》进行行政处罚，并对当事人进

---

① 浙江省工信厅办公室：《金华市无管局：破了！浙江首起非法干扰全球导航卫星系统（GNSS）信号案件》，载浙江省经济和信息化厅网，https://jxt.zj.gov.cn/art/2021/9/8/art_1229563682_58927144.html。

② 人民邮电报：《大庆：排查一起民航 GPS 信号干扰》，载中国工信新闻网，https://www.cnii.com.cn/gxxww/rmydb/202210/t20221027_423729.html。

行了无线电管理法律法规宣传教育，及时消除民航飞行安全隐患。[①]

（二）开展法治基础理论研究

卫星导航法治建设涉及空间法、国际公法、国际经济法、行政法、科学技术法、网络与信息法、立法学、比较法等多个法学领域。随着卫星导航条例立法工作的推进，相关法治研究也不断深入。

一是发布《北斗卫星导航系统法治建设报告》。2021 年，中国卫星导航系统管理办公室发布《北斗卫星导航系统法治建设报告》，这一报告是北斗领域深入学习贯彻落实习近平法治思想的最新成果，是落实习近平总书记关于北斗法治建设重要指示精神的具体举措，是卫星导航领域贯彻落实全面依法治国基本方略的重要举措。该报告是卫星导航领域第一部关于法治的专题报告，全面反映了北斗法治建设的进展与成效、系统总结北斗法治建设问题与经验，对于在全社会宣传法治北斗理念、凝聚北斗法治建设力量、塑造北斗系统良好法治形象具有重要意义，更向国际社会彰显了中国进一步推进北斗法治建设，从而更好服务全球、造福人类的信心和决心。

该报告由建设成效、发展启示、前景展望三部分构成。建设成效，主要介绍北斗系统建设、运行服务、产业发展、国际合作等方面的法治建设以及推动专项立法及北斗法律制度体系建设的进展和成效。发展启示，主要是通过总结前期工作实践，提炼了六个坚持的经验启示：坚持发挥举国之力建设北斗制度优势，坚持从党和国家事业全局体系化推进，坚持服务于北斗系统建设发展的需要，坚持统筹行业地方着眼特色联合推进，坚持国内规则与国际规则的相互协调，坚持破解难题开辟北斗法治新境界。前景展望，主要提出了未来北斗

---

① 中山市无线电管理办公室、中山无线电监测站：《中山市工业和信息化局春运期间查处一起涉嫌干扰 GPS 信号的违规行为》，载中山市工业和信息化局网 2023 年 2 月 6 日，http://www.zs.gov.cn/zsjxj/gkmlpt/content/2/2224/mpost_2224098.html#792。

法治的愿景目标。

二是卫星导航法学研究成果丰富。卫星导航条例起草单位的组织下,有计划地开展法治研究工作,针对卫星导航领导管理体制、短报文服务、高精度应用及产业化发展、应用安全保护、国际化发展等一系列卫星导航重大涉法问题进行专题研究,取得了一批重要研究成果。

学术著作方面,研究出版"卫星导航法治文库"。中国工程院院士、北斗系统工程总设计师杨长风担任文库顾问。该文库聚焦国内外卫星导航领域法治建设经验成果,比较分析美、俄、欧卫星导航政策法规,是我国卫星导航法治建设领域首套基础性、系统性、前沿性法律制度丛书,为研究起草卫星导航条例及立法审查工作提供理论支撑和域外借鉴,填补我国卫星导航领域法律制度研究空白。

学术论文方面,截至2023年2月27日经知网检索,以"卫星导航"和"法律"为关键词的期刊论文共102篇。国内最早研究卫星导航法律问题的论文是中国常驻国际民航组织理事会代表处朱济杰于1996年发表于《民航经济与技术》的《全球导航卫星系统规划与实施法律框架》。从论文数量的发展趋势看,在2016年卫星导航条例列入国务院立法工作计划后,卫星导航法学研究论文数量出现显著增长,显示了立法对卫星导航法学研究的带动作用。从总的研究趋势来看,国内关于卫星导航和法律的研究处于增长阶段。在研究主题方面,主要聚焦在以下几个方面:卫星导航立法研究、卫星导航法律制度体系研究、卫星导航国际法问题研究、卫星导航安全制度研究、卫星导航产业政策研究、卫星导航国际化法律问题研究等。从学科分布来看,主要涉及国际法、经济法、航空航天科学与工程的交叉领域。从卫星导航法学研究论文发表机构来看,北京航空航天大学居于首位。

法治理论研究的深入开展,不仅为解决现实法律问题提供强有力的理论支撑与保障,增强解决现实问题的科学性,而且还促进了北斗法治理论的积淀与发展,为北斗法治未来深远发展打下理论根基。

(三)繁荣北斗法治交流活动

法治建设实践发展需要法治理念进行突破创新,学术交流丰富发展。为支撑卫星导航法治实践发展,聚焦新时代卫星导航法学理论创新,打开理论新思路、聚焦学术新共识、摸索研究新范式、催生话语新增量,促进学科间对话与交融,通过搭建卫星导航法治研究学术交流平台,活跃我国卫星导航法治研究领域的学术氛围,促进全球卫星导航广泛的学术交流与合作,中国卫星导航年会政策法规、标准化及知识产权论坛、北斗法治论坛等卫星导航法治学术交流活动日益丰富。

中国卫星导航年会(China Satellite Navigation Conference,CSNC),已被ICG确定为国际三大卫星导航学术会议之一,是由中国卫星导航系统管理办公室学术交流中心主办,中国卫星导航系统管理办公室、科学技术部高新技术发展及产业化司、国防科工局系统工程一司、工业和信息化部电子信息司、交通运输部综合规划司、中国卫星导航定位应用管理中心、中国科学院重大科技任务局、中国工程院国际合作局、中国航天科技集团公司、中国航天科工集团公司、中国电子科技集团公司、中国兵器工业集团公司及承办方人民政府共同支持的导航学术会议,是一个高端学术交流平台。该年会常设高峰论坛、高端论坛、学术交流和成就博览四大活动板块。旨在加强学术创新,促进卫星导航系统的合作与交流;加强技术创新,促进卫星导航系统的工程建设;加强理论创新,促进卫星导航理论进步;加强应用创新,促进卫星导航产业的科学发展。通过学术交流、高端论坛和展览展示等一系列活动,全方位展示卫星导航领域最新成果。自2013年第四届中国卫星导航学术年会政策法规、标准及知识产权专题研讨会召开起,中国卫星导航年会政策法规、标准化及知识产权论坛已经成为中国卫星导航年会的常设论坛,主要围绕北斗政策法规、标准化、知识产权领域最新的进展与成果展开讨论。论坛设置征文评奖,鼓励各界人士积极开展卫星导航法学研究,有力推动了卫星导航法学研究的发展,汇聚从事法学理论、法律实践、法学交叉学科的研究者共襄研讨,促进了卫星导航领域内法治学术交流,打造卫星导航法治学术交流平台,为相关部门制度建设、决策管理、法治宣传提供了组织支撑。

北斗法治论坛是由中国卫星导航系统管理办公室指导、北京航空航天大学北斗政策法规研究中心承办,以北斗法治为主题的专业性学术性论坛。北斗法治论坛以习近平法治思想为指导,每年围绕热点议题,邀请国家相关管理部门、实务部门、科研院所、行业专家共同探讨。首届北斗法治论坛于 2021 年 5 月 27 日召开,由中国卫星导航系统管理办公室指导、北京航空航天大学北斗政策法规研究中心承办。来自清华大学、中国人民大学、北京航空航天大学、北京理工大学以及政界、学界的专家,围绕论坛主题“统筹国内法治和涉外法治,积极促进卫星导航安全与应用”进行演讲发言。

(四)培养法治专业人才队伍

一是成立专业研究机构。专业性的法治研究机构对于汇聚人才,开展跨学科、跨领域、综合性研究,取得高质量原创性研究成果,提升服务科学决策和法治实践的能力水平具有重要作用。结合卫星导航立法工作任务,北京航空航天大学于 2018 年 10 月成立北斗政策法规研究中心。这也是国内唯一以北斗政策法规为重点任务的专业性研究机构。北斗政策法规研究中心聚焦卫星导航法治建设,开展卫星导航发展战略研究、政策法规研究制定、重大决策咨询服务、重大问题对策研究等工作。在专业上,北斗政策法规研究中心依托北京航空航天大学具备法学、航天、信息、管理、国防科技等学科的跨学科优势,更好服务国家北斗法治建设战略需求。在科研团队上,北斗政策法规研究中心聘请了权威的法律专家顾问,采取专职与兼职相结合、小核心大外围的研究模式,组建了老中青相结合的梯队型研究队伍,形成了一支跨越技术与法律、科研与实务的智库型团队。通过历时 3 年的全方位建设,北京航空航天大学北斗政策法规研究中心已经成为我国卫星导航法治建设领域的领军型团队,发挥了重要的决策影响力、学术影响力、社会影响力，是我国北斗法治建设不可或缺的研究基地和决策支撑智库。

二是培养专业法治人才。法治人才培养是法治建设重要的组成部分。建设法治国家、法治政府、法治社会，实现科学立法、严格执法、公正司法、全民守法，都离不开一支高素质的法治工作队伍。北斗法治建设需要一支精通国内法治和涉外法治，既熟悉党和国家方针政策、了解我国国情，又具有全球视野、熟练运用外语、通晓国际规则、精通国际谈判的兼具国内与涉外法律知识的高水平人才队伍。近年来，卫星导航法律人才培养得到重视。第一，不断调整优化北斗法治工作机制、法律专家委员会的组织形式与工作机制，构建北斗法治建设决策支撑体系。建设革命化、正规化、专业化、职业化的北斗法治专门队伍，服务于国家战略大局，充分发挥法治工作机构、法治研究机构、法学专家作用。第二，探索建立卫星导航法律人才培养体系，加强实践性、复合型和国际化能力的卫星导航政策法规人才培养储备，逐步配齐配强专业力量，确保对北斗法治持续建设的智力支持。为学习贯彻习近平总书记关于北斗重要讲话精神，大力弘扬新时代北斗精神，加快北京航空航天大学“双一流”学科建设、北京航空航天大学优势文科群建设，应充分发挥北京航空航天大学在北斗政策法规方面学科建设、人才培养的优势。

第四篇 提升北斗现代化治理水平

北斗法治建设,在顺应时代发展的要求中应运而生,在保障北斗系统“三步走”的战略中磨砺而成,在全面依法治国的方略中深入推进,在习近平法治思想的指导下发展完善,有力支撑了北斗系统从无到有、从有到优、从区域到全球的历史性飞跃,对规范、引领、助推工程建设应用发挥了不可或缺、不可替代的重要意义和关键作用,其建设成效突出体现在以下五个方面。

一、保证北斗战略管理的稳定性、持续性和高效性

北斗系统建设应用是一项长期战略任务与国家重大工程,只有综合运用战略设计、法治手段、政策工具,建立和保障权威高效、持续稳定的战略管理体制机制,才能充分发挥中国特色社会主义举国体制优势,充分调动聚集各部门、各行业、各地区的积极性、主动性、创造性,以一流的组织领导建设一流的全球卫星导航系统,这是北斗三步走战略环环相扣、高效推进根本保证之所在、保卫经验之所在。北斗系统启动建设以来,党中央、国务院、中央军委对于这一工程始终高度重视,加强顶层谋篇布局,通过制定发展战略、纳入总体发展规划、出台专项政策等多种方式,不断确定和强固北斗系统战略地位,把握国家发展全局系统,规划北斗系统建设应用的目标任务、方向重点和推进举措,确保了北斗系统建设应用各项目标与任务圆满完成。在战略设计上,北斗一号工程建设发展之初就确立了三步走战略构想,整体设计明确了较长时期

内系统发展跃进的路径蓝图，确保了工程建设发展各项工作持续性、稳定性和衔接性；在组织领导上，在国家层次建立专项领导机构，相关业务主管部门共同参加，实现了对工程建设应用集中统一领导和高效组织实施；在规划安排上，列入国家科技重大专项，纳入国家国防建设协调发展战略、信息化发展战略、对外开放总体战略、区域发展战略、乡村振兴战略等重大战略部署，出台国家战略新兴产业发展规划、国家民用空间基础设施中长期发展规划、国家卫星导航产业中长期发展规划等一系列顶层规划，为北斗系统建设发展提供了坚强有力的政策规划保障；在资源调动上，各行业、各地域、各省市根据国家统一的战略部署安排，密集制定推动北斗系统规模应用和产业发展的政策文件，出台扶持做大做强北斗企业的激励措施，有力引导和带动国家社会各类优质资源向北斗系统建设应用集聚。

北斗系统建设近30年的发展历程充分表明，正是坚持把法治作为重要抓手和有力依托，通过战略部署、长远规划、宏观政策、法律规范和领导管理体制机制等对北斗系统发展作出制度性设计和长远性安排，充分彰显宣誓我国建设发展北斗系统的战略决心和坚定意志，最大限度地凝聚了各方共识、协调了各方行动、统配了各方资源，真正将制度优势转化为奋斗伟力，从根本上保证了北斗战略管理的稳定性、持续性、高效性，有力确保了北斗系统超预期完成实现目标任务、超速度完成系统建设、超标准提供优质服务，用20年左右的时间走过了美俄40多年的建设历程，实现了卫星导航核心关键技术由引进研仿、跟踪追随向自主可控、比肩并跑的根本转变，实现了卫星导航从区域系统、有重点保障向全球系统、高水平保障的根本转变，实现了我国卫星导航产业由分散弱小、严重依赖国外产品向快速壮大、占据市场重要地位的根本转变，顺利建成了同GPS、GLONASS整体水平相当、部分性能领先、独具中国特色的世界第三个全球卫星导航系统，在世界卫星导航领域提供了中国方案、展示了中国智慧、巩固了大国地位、彰显了政治优势。

二、促进北斗规模应用的快速发展

北斗系统建设成效的显著标志是规模应用，这是我国自主建设卫星导航系统的目的初衷，也是北斗系统在国家经济社会运行和国防建设中发挥应有作用、提升国际竞争力和影响力的关键所在。近 30 年来，特别是北斗二号系统建设发展以来，北斗法治建设着力在引导促进北斗规模应用上重点发力、持续用力，国家、行业和地区通过政策制度资源优化配置，从科技创新、科技人才队伍建设、税收、金融、政府采购、产业发展、应用示范等方方面面，出台鼓励北斗系统应用的重要政策法规，形成了政策法规合力，构建良好产业发展生态环境，为产业化规模化发展提供政策支持和制度支撑。纵观北斗系统建设近 30 年的历程，特别是 2012 年北斗产业快速发展以来，我国卫星导航政策法规出台数量与卫星导航产业增长情况密切相关，从图 19 可以看出，卫星导航产业产值快速增长的时期也是卫星导航政策法规数量增多的时期。

在市场化方面，通过构建规范公平竞争的市场秩序和营商环境，将民营企业和中小型企业引入北斗市场，增强各类主体参与北斗产业建设和发展的信心和活力，建立符合市场规则的产业发展模式和企业运营模式，营造了有利于北斗产业发展的法治环境。尤为可喜的是，不少有情怀、有实力、有技术、有人才的企事业单位特别是民营企业借助北斗产业发展的东风脱颖而出，截止到 2021 年，我国卫星导航与位置服务领域企事业单位已经快速跃升至 14000 家左右，从业人员数量超过 50 万，产值达到 3236 亿元人民币，上市公司（含新三板）就有 90 家。

在产业化方面，着眼优化产业结构和引导发展方向，国家、行业和地区共同发力，持续针对性调整出台政策制度。通过专项经费支持、公开性能比测、行业示范项目、规范应用场景、财税政策优惠等多种机制政策，积极打造从基础产品、终端设备到系统服务的全产业链，北斗芯片、天线等基础元器件零部件性能水平跻身国际先进行列，北斗导航应用终端、品类型谱不断丰富，行业

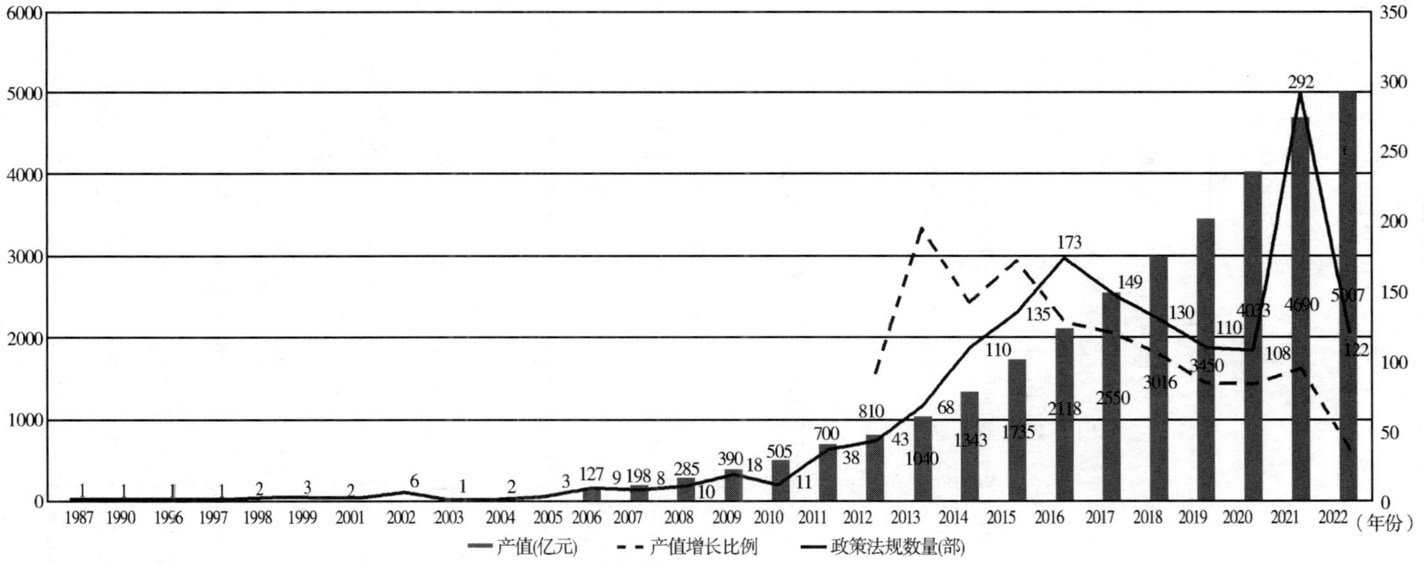

图19　我国卫星导航产值增长速率与卫星导航政策法规出台数量

推广率和国产替代率快速提高，北斗系统在交通、农业、测绘等传统行业得到广泛应用，在大数据、区块链云计算、人工智能等新兴领域的融合应用更加深入、更富成效，我国“北斗+”“+北斗”产业模式和产业生态加快成长、日趋成熟，展现出极具潜力、充满活力的良好前景。

在国际化方面，通过对外发布政策主张、签署国家间合作协议、推动进入国际组织标准体系等多种法治手段深化国际合作机制，拓宽国际合作渠道，打造国际合作平台，建立国际合作窗口，持续扩大北斗系统国际“朋友圈”，解决北斗系统在全球应用的标准规则问题，深耕细化国内市场，积极拓展国际市场，发展完善覆盖国内、辐射全球的北斗产业链供应链，不断提升北斗全球应用水平。

三、打造与北斗安全发展相匹配的营商环境

卫星导航定位授时作为目前各行各业共同使用、主要依靠的时空基准手段，一旦失稳失序将对经济社会运行和国防安全带来重大损失和影响，随着北斗三号全球系统的全面建成和开通全球服务，确保系统安全可靠至关重要。北斗法治建设始终把确保北斗系统安全发展、稳定运行、可靠服务作为重要任务予以推进。

在确保系统安全运维方面，着眼构建中国特色的北斗系统运行维护体系，成立专项机构、建立专门机制、建设专用设施、制定业务规范、组建专业队伍，完善安全形势预判、安全隐患防范和安全事件处置措施，健全安全风险监测评估机制，增强应对卫星导航领域安全风险的弹性、韧性和化解能力。完善卫星导航领域突发事件应对制度，重点围绕北斗系统安全稳定运行、安全可靠应用、突发应急应用方面，完善卫星导航领域突发事件应急响应处置程序和协调联动机制，加强突发事件信息公开和危机沟通，完善公共舆情应对机制。

在基础设施和信号数据安全保护方面，我国《测绘法》《数据安全法》等法律法规以国家关键基础设施及相关配套设施的应用安全保护政策法规中作出

了规定，在一些领域为卫星导航相关设备设施及应用安全，卫星导航系统基准站的建设运行、数据安全，卫星导航信号保护等事项提供了法律依据，为北斗系统稳定运行和用户使用安全提供了基本保障。在打击危害卫星导航安全的违法犯罪活动方面，为防止对卫星导航信号的恶意干扰，《无线电管理条例》《无线电管制规定》以及配套的规章和规范性文件对相关违法行为进行整治处罚。在《刑法》《治安管理处罚法》《民用机场管理条例》等法律法规中也有涉及无线电管理的规定。这些法律法规对规范无线电管理、维护空中电波秩序、有效开发利用无线电频谱资源、保证各种无线电业务的正常进行发挥了重要作用，增强了北斗建设应用发展应对安全风险，特别是系统性风险的弹性、韧性和化解能力。

四、树立在卫星导航全球治理中有担当负责任的大国形象

卫星导航是全人类的共同财富，我国自主建设北斗系统，既为满足国内需要，又要造福世界人民。在北斗系统建设发展过程中，始终秉持"中国的北斗，世界的北斗"的发展宗旨，始终坚持开放融合、协调协作、兼容互补、成果共享的发展理念，始终站在国际化视野推进北斗法治建设，注重遵循国际规则、运用法治思维、采用法治方式参与卫星导航国际治理、推广卫星导航中国方案、提升北斗系统国际影响，充分展现中国实现高水平科技自立自强的志气骨气，充分展现胸怀天下、造福人类、和合与共、立己达人的中国担当和大国形象。

一是综合运用政府白皮书、国务院新闻办公室新闻发布会、政府官方网站、参加和举办卫星导航国际会议等多种权威平台和场合，传达卫星导航的中国声音、讲好北斗系统的中国故事、发起国际治理的中国倡议，凝聚各卫星导航系统间、国家间合作共赢、兼容并蓄、造福全人类、构建命运共同体的广泛共识，让国际用户更好地认识北斗、相信北斗、应用北斗。

二是注重用好卫星导航国际规则推广北斗系统建设成果、推动卫星导航国际治理，依据国际规则申请使用卫星轨道频率资源，及时向国内外用户发布

卫星发射入网、在轨测试、监测评估结果及卫星退网等系统状态信息，及时更新发布北斗系统服务文件和性能规范，持续推动北斗系统进入国际民航、海事、搜救、移动通信等标准组织，推动北斗系统更好服务全球用户和相关行业发展。

三是主动融入卫星导航国际大家庭，积极参加和承担联合国全球卫星导航系统国际委员会（ICG）相关事务，成为ICG认可的全球卫星导航系统核心供应商，2012年、2018年成功举办两届ICG会议，发表“北京宣言”和“西安倡议”，推动世界卫星导航事业蓬勃发展，联合国外空司司长盛赞“中国在卫星导航领域发挥出领袖和榜样作用”。中国北斗以大国胸怀、责任担当，赢得世界尊重，成为全球卫星导航舞台上的一支重要力量。

四是始终本着平等友好、互利共赢的原则通过国际磋商不断深化卫星导航国际合作，先后与美国、俄罗斯、欧盟就北斗系统与GPS系统、格洛纳斯系统、伽利略系统兼容互操作签署双边协议、深化技术合作，与俄罗斯、巴基斯坦、沙特阿拉伯、伊拉克等国签订合作协定协议，助力实现卫星导航系统间的资源共享、优势互补和共同技术进步，真心服务发展中国家共用共享北斗系统卫星导航成果。

五、彰显北斗法治贯彻落实依法治国基本方略的成效作用

习近平总书记在党的二十大报告中作出“坚持全面依法治国，推进法治中国建设”的重大战略部署，就全面依法治国提出了一系列新论断、新思想和新要求，为当前和今后一个时期卫星导航法治建设指明了前进方向、提供了根本遵循。坚定不移地依靠北斗法治建设、推动北斗法治建设，是北斗系统高水平建设应用的内在需求、重要保障和成功经验，是工程建设发展取得的重要标志性成果，是贯彻落实全面依法治国战略的重要体现和政治要求。

经过近30年的努力，北斗法治建设地位越来越凸显、基础越来越扎实、成果越来越丰硕，法治北斗的理念得到了广泛认同、逐步深入人心，以国家政策

法规为主导、行业政策法规为主体、地区政策法规为辅助、涉外政策法规相配套的北斗政策法规体系逐步成形，北斗立法、司法、执法各过程、各环节同步推进、加快发展，法规制度体系、法治实施体系、法治监督体系、法治保障体系进一步均衡发展，有力引领、促进、规范、保障了北斗系统的建设应用。北斗法治建设探索开创了一条特色路子、形成了可借鉴可推广的宝贵经验。

一是坚持科学立法、民主立法、依法立法，广泛听取和吸纳业务主管部门、行业应用部门、企业生产部门和领域专家意见建议，准确把握系统建设应用的技术规律、发展规律、管理规律，确保政策法规制定的科学性、合理性、可操作性和前瞻性。

二是统筹运用行业立法和政策工具，在系统建设发展初期充分利用国家、行业、地区政策的方向标和指挥棒作用，大力营造北斗系统规模应用和产业发展的良好环境，紧跟北斗系统建设发展和产业培育进程，及时将有关规范要求形成专项法规、进入有关法律，实现了法律法规与政策文件的相互促进、相互支撑、相得益彰。

三是统筹推进国内法治建设与涉外法治建设，在北斗系统建设进程中始终放眼全球、着眼国际，注重吸收借鉴国外卫星导航领域先进治理模式和经验，注重运用国际规则推动解决北斗走出去有关问题，实现了国内法治与涉外法治的紧密衔接和有机统一。

回顾北斗法治建设的奋斗历程，始终贯穿其中的一条主线是尊崇法治、信仰法治、厉行法治，北斗法治建设是依法治国基本方略在北斗系统建设发展领域的生动展开和具体落实，在航天大系统工程建设发展、高新技术产业创新培育等方面创造法治建设示范样板和典型案例，有效丰富了我国全面推进依法治国基本方略的伟大实践，北斗法治建设形成的重要成果、探索的宝贵经验、蹚出的特色路子为我国各行业、各领域推进法治工作具有重要参考借鉴意义。

第五篇　新时代北斗法治建设新愿景

2020年7月31日,习近平总书记向世界庄严宣布,北斗三号全球卫星导航系统正式开通,标志着北斗系统迈入稳定运行、全球服务新征程。2021年9月,习近平总书记在向首届北斗规模应用国际峰会和贺信中指出,北斗规模应用进入市场化、产业化、国际化发展的关键阶段,强调要推动北斗系统建设、推进北斗产业发展,共享北斗系统成果,促进全球卫星导航事业进步,让北斗系统更好服务全球、造福人类。习近平总书记深刻指明了北斗系统建设历史方位、发展方向和重大任务。

2022年11月,我国发布了《新时代的中国北斗》白皮书,提出了北斗系统发展新愿景,明确中国将建设技术更先进、功能更强大、服务更优质的北斗系统,更好惠及民生福祉、服务人类发展进步;建成中国特色北斗系统智能运维管理体系,向全球用户提供高质量服务;推动北斗系统规模应用市场化、产业化、国际化发展,提供更加优质、更加多样的公共服务产品,让北斗系统发展成果更好惠及各国人民;构建国家综合定位导航授时体系,提供基准统一、覆盖无缝、弹性智能、安全可信、便捷高效的综合时空信息服务,推动构建人类命运共同体,建设更加美好的世界。这为新时代北斗系统的发展确立了新的目标与蓝图。

新时代北斗系统的发展新愿景引领北斗法治建设进入了新阶段,北斗法治建设要坚定秉承中国的北斗、世界的北斗、一流的北斗,必然是法治的北斗的发展理念和实践，为新时代北斗系统建设发展提供全方位、高质量的服务保障，要积极适应提供稳定、可靠、优质的卫星导航服务，加快推进规模应用市场化、产业化、国际化发展和建设更加泛在、更加融合、更加智能的综合定位导航授时（PNT）体系等多重阶段任务要求，在继承完善现有成果基础上，健全完善与之相适应的政策法规体系；要准确把握北斗系统长期建设、系统运营和PNT体系建设管理的特点规律，紧跟管理体制和运行机制优化调整，搞好领域专项法律法规和项目、经费、技术、国际合作等组织管理规范体系建设；要积极适应北斗规模应用推广的新形势，聚焦解决推进市场化、产业化面临的矛盾问题，进一步提高政策法规的精准度、可操作性和实用性；要着眼加快推进北斗系统走出去，全面搞好国内法治保障、国际规则博弈、国家间竞争合作政策策略的前瞻研究、统筹发展和有机支撑。开启新阶段、履行新使命，北斗法治建设既面临难得机遇，又面临重大挑战，一定会接续奋进，乘势而上，不断开拓北斗法治建设新局面。

一、法治北斗理念日益深入人心

深入贯彻习近平法治思想，牢固树立法治北斗理念，是新发展阶段北斗法治建设的一项重要内容。适应北斗系统建设历史新阶段胜利转进、建设新任务全面展开、应用新格局加速打造的新形势新特点，北斗法治建设站位视野进一步更新开拓、法治建设内容任务进一步丰富拓展、法治建设的地位影响进一步巩固提升、法治在北斗治理中的关键作用进一步发挥，法治北斗的品牌更加闪亮、法治北斗的理念更加丰厚、法治北斗的目标更加明晰，集中体现在“四个统一”。

一是，坚持发展与安全相统一，既高度重视和有力保障系统建设的创新发展、快速发展、高效发展，又高度重视和有力保障系统运行服务的安全性、可靠性、稳定性和优质性。

二是，坚持当前和长远相统一，综合运用法治方式和政策手段，既着力解决系统建设应用中遇到的现实矛盾和突出问题，又面向国际、把握全局、着眼长远，前瞻性地做好法治建设的体系布局和重点任务。

三是，坚持国内法治与涉外法治相统一，秉持中国的北斗，世界的北斗，一流的北斗发展理念，既着眼更好更快推进北斗系统在国内的规模应用和产业发展，完善法律、优化政策、营造环境，又充分运用法治方式处理卫星导航国际事务，积极主动地参与卫星导航国际规则制定，与世界各国共享北斗系统建设发展成果。

四是，坚持法治体系与能力建设相统一，贯彻良法善治要求，既高度重视、持续优化符合北斗系统发展规律的法律制度体系，又高度重视、持续加强法治实施体系、法治保障体系、法治监督体系建设，实现立法与执法、法制与法治的相互促进、有机结合、一体发力。

总之，就是要通过法治建设的创新发展，使法治思维、法治手段、法治方式贯穿和渗透于北斗系统建设发展和推广应用的全过程、全方位、全系统，充分发挥对北斗包括产业快速发展的规范作用、对加快北斗长远发展的引领作用、对营造北斗持续稳定发展环境的保障作用、对推动北斗发展国际化的支撑作用、对调动各方面大力支持北斗发展的激励作用。

在新时代北斗法治理念引领下，依法建设北斗、发展北斗、保障北斗、应用北斗的力量将更加凝聚、行动将更加自觉，更广、更深融入北斗建设发展的方方面面，运用法治思维和法治方式处理卫星导航相关事务的能力将不断提高，严守法律规范、崇尚法律权威的规则观不断强化。在立法方面，坚持依法立法，北斗相关的政策法规制定严格遵循《立法法》规定，严格遵守法定程序；在行政管理方面，坚持依法行政，北斗相关的政府活动全面纳入法治轨道，尊重规则权威，恪守法定职责必须为、法无授权不可为；在法治实施方面，坚持全面守法，开展卫星导航活动的任何组织和个人，无论是卫星导航基础设施建设运维者，卫星导航相关产品、服务和技术提供者，卫星导航产品和服务的使用者都应当自觉遵守相关规则、依据规则行事；在法治宣传方面，卫星导航领域普法规划将不断丰富完善，加强对新出台涉及卫星导航的法律法规规章的解读，加强新媒体新技术在普法中的运用，加强对相关领导干部和企业从业人员的法治教育培训，不断增强社会各界卫星导航法治意识、持续提高卫星导航法治素养，让法治北斗精神成为北斗领域的价值共识。

二、卫星导航政策法规体系实现转型发展

北斗系统越向前发展，越是市场化产业化国际化，越需要实现法治化。在适应北斗的新发展新变化，解决发展所面临的新矛盾新问题过程中，卫星导航法律规范体系将在结构调整中不断优化和完善，实现转型发展。

（一）转型发展的目标方向更加清晰

积极适应我国卫星导航事业建设发展的新形势、新任务，推进卫星导航政策法规体系转型发展是一项十分必要、十分紧迫的重大任务，从产业发展目标看，北斗系统建设也已圆满实现“三步走”的发展战略。北斗产业也从无到有、从小到大、从区域到全球，取得了长足进步和显赫成就，而国家政策制度的宏观指导、重点扶持、全程保障，发挥了至关重要的作用。当前，北斗产业要做大做强，实现升级换代，发展成为国家安全与发展的战略性支柱产业，对政策制度建设提出了新的更高要求；从产业发展环境看，北斗系统建成开通，使北斗系统在国内外的认知度和影响力大幅度提升；中央“双循环”新发展布局和“新基建”等重大战略举措全面推进，有力促进新兴产业与其他产业的深度融合和市场规模的拓展扩散，北斗产业发展面临前所未有的机遇。与此同时，国际形势的发展变化，特别是美国竭力推行反华遏华政策和新冠肺炎肆虐全球对世界政治经济格局的严重冲击，使威胁国家发展的不确定因素和安全风险明显增大，北斗产业发展面临前所未有的挑战。面对机遇与挑战，北斗产业政策制度必须适应新变局、新环境、新要求，作出有力有效的应对，从产业政策制度本身看，虽然我国已基本形成北斗产业政策制度体系，但仍是粗放式、数量

规模型的，难以适应北斗产业转型发展的需要，政策制度建设缺乏统筹协调；各行业各地区出台的政策条块分割，碎片化现象严重；政策工具的选择和组合不科学、不配套；特别是法规制度建设滞后，卫星导航条例立法已近10年，但至今仍未出台。这些问题，亟须通过创新发展北斗产业政策制度加以解决。

在新的历史条件下，政策法规体系建设将加快实现两个重大转型：一是适应北斗系统规模化应用、市场化运行、产业化发展新形势，政策法规体系将实现由以政策引导为主向以法律法规保障为主的深刻转变，更好实现运用法律法规规范各方权利义务、推进国际合作；[①]二是落实高质量发展要求，政策法规体系将实现由粗放式、数量规模型向精准化、质量效益型的深刻转变，更好地推动北斗系统建设应用的集约、高质、高效发展。

（二）转型发展的思路指向更为聚焦

构建与北斗产业转型发展相适应的政策制度体系，应当以打造国家战略性支柱产业为目标，以促进自主创新、开放融合为特色，以卫星导航与多种新兴技术耦合、催生新业态为重点，以引导市场、精准施策、防控风险为基本要求，以协调发展、平衡发展、滚动发展为推进模式，在更广范围、更深程度、更高层次上发挥政策制度对北斗产业转型发展的引导、规范和保障作用。

一是搞好顶层谋篇布局。制定出台国家综合定位导航授时体系的发展纲要和北斗产业发展长远规划，明确北斗产业的地位作用、目标任务，确定未来较长时期发展的时间表和路线图。

二是激发市场动力活力。在"双循环"新发展格局和"新基建"框架下，加强政策制度对北斗系统应用市场化、规模化、国际化的引导，深耕细化国内市场，有序拓展国际市场，发展完善覆盖国内、辐射全球的北斗产业链供应链。

---

① 杨君琳、杨长风、毛国辉：《中国卫星导航建设现代化管理研究》，载《中国工程科学》2023年第25卷第2期。

防止政策干预取代市场机制，避免对市场的微观干预。规范公平竞争的市场秩序和营商环境，增强各类主体参与北斗产业建设和发展的信心和活力。

三是强化安全风险管控。预制和强化安全形势预判、安全隐患防范和安全事件处置政策措施，增强北斗产业应对安全风险，特别是系统性风险的弹性、韧性和化解能力。制定加强风险防范的法律规范，健全安全风险监测评估机制、安全事件应急处置机制和各级安全监管责任制，提高政府对北斗产业发展安全监管的综合能力。[①]

（三）转型发展的关键任务更快突破

卫星导航顶层立法将进一步加快推进，卫星导航行业立法将逐步开展，重点领域配套制度将日益完善，使卫星导航发展各环节、各阶段、各方面有法可依。

卫星导航顶层立法加快推进，卫星导航条例作为我国卫星导航领域基本法规，对于维护国家安全、保障北斗系统稳定运行、促进北斗产业健康发展具有重大意义，加快条例出台，有效规范和加强卫星导航活动管理，进一步健全卫星导航系统建设、运行服务、应用管理、国际合作、安全保障等配套制度，适应国家综合定位导航授时体系建设进程和需要，我国定位导航授时法的研究制定也将加速推动，为在 2035 年之前建成和应用更加泛在、更加融合、更加智能的综合时空体系提供法规制度基础。

卫星导航行业立法加快推进。积极适应不同行业、不同领域推广应用北斗系统的特点规律，在法治国家、法治政府、法治社会建设的总体布局中统筹推进卫星导航法治建设。测绘、交通、公安、农业、林业、电力、应急管理等卫星导航应用广泛的领域，进一步协调推进完善相关立法，提高各行业领域卫星导

---

① 杨军：《北斗卫星导航系统全球服务的风险分析和应对策略》，载《中国工程科学》2023 年第 25 卷第 2 期。

航法律制度和政策间的衔接性、协同性和一致性，增强法律规范整体功效。

重点领域配套制度健全完善。随着全面推进健全卫星导航法律规范体系，卫星导航重点领域的配套制度将进一步完善。卫星导航的基本环节包括卫星导航系统建设、运行服务、应用与产业化三大环节。卫星导航系统建设涉及空间星座组网、地面站网协同、星地互联互通等多个方面，建设的系统性、整体性、协调性、全面性极强。卫星导航系统运行服务需要健全运行管理机制、监测评估网络、冗余备份手段、信息发布机制等，确保系统安全稳定运行。卫星导航应用和产业化，涉及基础产品和终端系统制造产业、卫星导航应用服务、定位导航授时信息服务等。因此，卫星导航治理的链条长、复杂性大。随着加快推进北斗法治化，那些被实践证明已经比较成熟的卫星导航管理经验举措，将逐步上升为规章制度或推动上升为法律法规。围绕支撑北斗系统运行，规范北斗系统安全稳定运行管理、网络安全管理、频谱保护等方面的配套制度将进一步完善。着眼释放特色服务优势，北斗短报文通信服务管理、卫星导航增强服务管理、北斗搜救服务管理等特色服务管理方面的配套制度将逐步建立。在北斗产业与应用服务方面，规范北斗系统名称和标识使用、北斗基础产品和应用服务，促进北斗高精度应用与产业发展的有关配套制度将进一步健全。

同时，统筹国内法律与涉外法律，卫星导航涉外法律法规将进一步健全和完善。立足北斗全球化发展现实需要，北斗涉外立法工作战略布局将受到重视，卫星导航领域涉外领域立法将进一步加强，应对挑战、防范风险的法律"工具箱"将得到充实，我国法律法规在解决北斗涉外法律问题中的重要作用将得到更好发挥，运用法律手段维护我国主权、安全、发展利益的能力将得到显著提高。

三、北斗法治运行能力显著增强

"盖天下之事，不难于立法，而难于法之必行。"构建高效的法治实施体系是建设中国特色社会主义法治体系的重要内容，中共中央专门印发《法治社会建设实施纲要（2020—2025 年）》加强对法治建设各项任务部署落实。《法治中国建设规划（2020—2025 年）》明确提出“建设高效的法治实施体系，深入推进严格执法、公正司法、全民守法”。深入推进全面依法治国和北斗系统的新发展、新需求对提高卫星导航法治实施能力提出了新要求，随着卫星导航法律规范体系的逐步完善，北斗法治建设向深向实发展，卫星导航法治实施能力将在转型发展中逐步提升。

（一）产业化发展纳入法治轨道

在贯彻《国民经济和社会发展第十四个五年规划和 2035 年远景目标纲要》关于“北斗产业化工程”的有关安排过程中，各领域、各行业卫星导航产业化发展的宏观政策将更加科学有效。从领域行业来看，交通、电信、能源（电力）等主管部门将逐步出台促进本领域本行业北斗产业化发展、规模化应用的专项或相关产业政策、规划、路线图等，并成立相应的促进产业政策落实和监督的机制。从地方来看，各省、自治区、直辖市将结合自身条件禀赋、区域总体发展规划，进一步制定出台与“北斗产业化工程”顶层规划和各领域各行业规划相协调的专项或卫星导航相关地方产业政策和规划，成立北斗产业政策推动落实监督机制，进一步落实本地区卫星导航产业发展工作方案和具体举措。

得益于产业政策的培育，我国卫星导航产业在萌芽与发展初期的成长速度较快，但缺乏自然市场的严格选择，市场竞争能力较弱。未来，在以国内大循环为主体、国内国际双循环相互促进的新发展格局下，北斗卫星导航产业政策将更加积极地引导北斗应用的市场化、规模化、国际化，在深耕细化国内市场的同时，积极参与国际市场竞争。未来，北斗卫星导航产业政策将由过去的政府发挥主要作用，转向今后的主要依靠市场机制，充分激发产业内生动力，逐步减少政府对卫星导航产业的直接干预，合理采用财政、税收、金融、外贸、政府采购等间接引导手段，综合运用法律、标准、技术等多种政策工具，着眼于国内超大规模市场的固有优势,引导卫星导航拓展应用到航空等高端用户市场,完善消费者解决方案和应用场景,推动构建覆盖国内、辐射全球的卫星导航产业链。

(二)法治化应用环境加快形成

《国民经济和社会发展第十四个五年规划和2035年远景目标纲要》提出“坚持和完善社会主义基本经济制度,充分发挥市场在资源配置中的决定性作用,更好发挥政府作用,推动有效市场和有为政府更好结合”的要求,这为营造市场化法治化北斗卫星导航应用环境指明了方向。随着我国全面深化改革取得重大突破,供给侧结构性改革持续推进,要素市场化配置体制机制不断完善,“放管服”改革不断深入,营商环境持续改善,市场化法治化应用环境逐步形成。

在市场秩序方面,未来将坚持市场化、法治化、国际化原则,持续优化卫星导航领域市场监管,构建公平竞争的市场秩序,增加各类主体参与和发展北斗产业的信心和活力,保护市场主体,特别是小微企业、个体工商户合法权益和发展空间,促进形成符合市场规则、更具市场竞争力的应用发展模式和企业运营模式。

在市场监管方面,政府服务将进一步优化,减少对市场直接干预,深化行政审批制度改革,将进一步探索北斗系统催生的新服务、新业态的管理方式,破除束缚北斗企业发展的不合理障碍,用制度和技术办法为市场主体提供公开、便捷、透明的信息服务和公共服务。营造稳定、公平、透明、可预期的营商环境,激发卫星导航市场活力和发展动力。

在标准体系方面,北斗系统标准体系将更加完善,北斗系统标准化发展的整体质量效益将得到全面提升。在知识产权方面,卫星导航相关知识产权保护和运用将被更加重视,北斗知识产权布局将更加科学完善。在基础产品认证方面,随着《关于开展北斗基础产品认证工作的实施意见》《北斗基础产品认证规则》的发布实施，北斗基础产品认证制度建立和北斗基础产品认证工作将得到进一步加强，将为北斗应用高质量发展营造更加良好的市场环境。

（三）安全风险防控能力明显增强

党的二十大报告对“推进国家安全体系和能力现代化，坚决维护国家安全和社会稳定”进行全面部署，指出“强化经济、重大基础设施、金融、网络、数据、生物、资源、核、太空、海洋等安全保障体系建设”。未来，安全在卫星导航法治建设中将处于重要的位置。

一是我国将继续依照空间物体登记规定，及时准确完整报送北斗卫星信息，依法办理相关无线电频率使用许可、空间无线电执照和卫星地球站执照，继续依法保护北斗系统频谱使用，严禁生产、销售或使用卫星导航非法干扰设备，依法查处非法干扰行为。

二是安全形势预判、安全隐患防范和安全事件处置措施将逐步完善，安全风险监测评估机制将进一步健全，围绕北斗系统安全稳定运行、安全可靠应用、突发应急应用等方面，卫星导航领域突发事件应急响应处置程序和协调联动机制将逐步健全，应对突发事件信息公开和危机沟通、公共舆情应对能力将得到提高，从而增强应对卫星导航领域安全风险的弹性、韧性和化解能力。

三是贯彻落实总体国家安全观，应对突发事件、紧急状态的法律预案将逐步完善，应对和处置卫星导航领域的安全风险的法律准备将更加充分。总体上，我国在卫星导航安全风险防控处置方面的能力将得到显著增强。

四、北斗法治在卫星导航全球治理中作用凸显

当前世界百年未有之大变局深化演进，国际环境错综复杂，国际力量对比深刻调整，全球治理体系正在发生深刻变革。在卫星导航领域，美国持续推进GPS 现代化计划，俄罗斯 GLONASS 已全面恢复并开启星座更新，中国北斗三号系统也于 2020 年正式开通全球服务，欧洲 GALILEO 在加紧全球组网并布

局下一代卫星，印度和日本区域卫星导航系统也已相继投入运行，卫星导航领域多系统并存格局已经形成。随着中国北斗系统的国际贡献度和影响力的迅速提升，中国在卫星导航全球治理中将扮演越来越重要的角色，并为卫星导航的全球治理提供中国方案、贡献中国智慧，卫星导航全球治理体系也将在相互博弈中逐步优化。

（一）主动引导卫星导航法治议题

随着多卫星导航系统格局的形成，卫星导航系统应用更加广泛，卫星导航全球治理问题越来越处于重要地位。卫星导航法治议题将逐步受到联合国全球导航卫星系统国际委员会（ICG）等卫星导航领域专业性多边平台，国际电信联盟（ITU）、星基增强系统互操作工作组（SBAS IWG）、国际民航组织（ICAO）导航系统专家组（NSP）等行业国际组织平台，美国卫星导航学会（ION）、中国卫星导航学术年会（CSNC）、慕尼黑峰会等学术交流平台的重视。从议题的内容看，卫星导航系统运行措施、干扰监测与减轻措施、卫星导航系统供应商义务、卫星导航系统行业应用规则、卫星导航市场准入等卫星导航法治议题将逐渐成为合作交流平台研讨焦点。我国将更加积极地加强卫星导航领域多边法治对话，推进对外法治交流，积极参加联合国全球卫星导航系统国际委员会以及有关国际组织的各类活动，推动卫星导航法治议题设置和讨论，促进发起卫星导航法治倡议，确保为全球提供安全稳定的卫星导航服务。随着我国卫星导航法律规范的逐步完善、卫星导航法治实践的不断推进，以及在卫星导航领域国际影响力的逐步提升，我国将更加积极地在多边平台上提出卫星导航的法治议题，为推动构建人类命运共同体贡献中国智慧。

（二）深度融入卫星导航国际规则标准

“坚持统筹推进国内法治和涉外法治”是习近平法治思想的重要精神，这要求我们在法治轨道上推进国家治理体系和治理能力现代化的同时，提高我国依据国际法参与卫星导航全球治理的能力。从领域上看，卫星导航系统的运行和应用涉及外层空间、电信、航空、海洋、经贸等领域的国际规则；从性质上看，卫星导航相关国际规则既涉及具有法律约束力的“硬法”，又涉及国际组织和国际会议的决议、决定、宣言、建议和标准等“软法”。随着北斗全球系统的全面建设和广泛应用，卫星导航相关国际规则对我国的影响越来越大，与我国的关系也越来越紧密。未来，我国将更加积极地参与卫星导航相关国际规则的制定、修订活动，加强与管理机构、学术团体、行业力量的沟通协调，合理增加国际卫星导航组织、各类专业组织中的中国代表数量，积极组织卫星导航国际会议活动，提出中国方案和标准规范，有效提升我国在卫星导航国际规则制定方面的话语权和影响力。随着中国更加积极地参与国际治理，卫星导航相关国际规则标准也将朝着更加公正合理、更加完善的方向发展。

（三）积极改善卫星导航国际法治环境

当今世界，百年未有之大变局加速演进，人类社会既面临重要的发展机遇，又面临前所未有的挑战。习近平总书记在党的二十大报告中站在促进世界和平与发展、推动构建人类命运共同体的高度，深刻把握全球治理变革大势，针对全球治理面临的突出问题，就推进全球治理体系改革和建设提出了一系列主张，为完善全球治理指明了前进方向。国际化是全球卫星导航系统的天然属性和鲜明特征，卫星导航系统的运行和应用离不开良好的国际政治、经济、外交和法治等环境。北斗系统全球服务的开通，为全球提供了更多选择，促进了多卫星导航系统之间的兼容发展，有利于推动卫星导航国际法治环境更加公正合理。“更加公正”就是推进卫星导航全球治理规则民主化、法治化，努力使卫星导航全球治理体制更加平衡地反映大多数国家意愿和利益；“更加合理”就是各国在卫星导航领域的国际合作中能够真正实现权利平等、机会平等、规则平等。在公正合理的国际法治环境中，各国应当遵循国际法使用频率轨位资源、实施空间登记、避免有害干扰等原则和规则，应当尊重和维护各国发展和应用卫星导航系统及卫星导航系统增强系统的权利。我国将更加积极地参与卫星导航全球治理,践行共商共建共享的全球治理观,在全球卫星导航系统国际委员会框架下处理卫星导航国际事务,参与卫星导航国际规则制定,推动卫星导航国际秩序朝着更加公正合理的方向发展。

五、北斗法治保障水平日益增强

随着北斗系统建设法治化的进程加快推进,北斗法治理论创新能力、实践开拓能力将显著提升。运用法治思维和法治方式引导、规范和保障北斗系统发展的能力明显增强,北斗系统的治理能力将进一步提升,从而不断满足北斗系统建设的新需求,不断解决北斗系统发展中遇到的新问题,不断应对北斗系统发展中的新挑战,全面彰显北斗法治保障的新成效。

(一)卫星导航法治研究更加深入

随着习近平法治思想在全社会的深入贯彻落实,随着全面依法治国基本方略的不断推进,北斗法治建设跨入新时代、开启新征程,依法建设北斗、发展北斗,保障北斗的法治北斗理念将贯穿北斗系统建设发展的全过程,将融入北斗系统工作的方方面面。新时代孕育新思想,新思想指导新实践。北斗系统全球服务的开通,以及在科技、经济、社会等各领域中的广泛应用为卫星导航法治研究提供了重要契机,也为卫星导航法治研究提出了更多需求。北斗规模应用市场化、产业化、国际化发展所不断涌现出的卫星导航相关社会问题和法律现象将更加受到关注,并产生了多个经典议题。卫星导航法治研究的问题意识将更加清晰,法治实践中的具体问题将被纳入研究范围之中,卫星导航法治研究将立足中国社会、扎根中国实践,以持续的理论创新回应时代之问、指引卫星导航法治建设。卫星导航法治研究对卫星导航立法和法律实施,对企业开展卫星导航相关活动,对北斗规模应用国际化的支撑作用更大。

在研究机构方面,持续、科学地开展北斗政策法规建设有赖于高质量、专业化的高端智库持续提供支持，开展前瞻性、针对性、储备性政策研究，提出专业化、建设性、切实管用的政策建议，提高北斗发展中的综合研判和战略谋划能力。随着卫星导航法治建设越来越受到重视，卫星导航法治研究智库将得到发展，专业智库对卫星导航法治研究和实践的支撑作用将更加明显，卫星导航法治学术交流活动和卫星导航法治研究成果也将更加丰富。

（二）卫星导航法律服务焕发活力

卫星导航相关的法律服务涉及国际经贸、金融投资、安全合规、风险防范、争议解决、知识产权保护等。随着"双循环"新发展格局、"新基建"等重点战略的全面推进，将有力促进北斗产业与其他产业的深度融合和市场拓展，北斗产业发展面临前所未有的机遇。适应北斗产业化转型发展的需要，将进一步规范公平竞争的市场秩序和营商环境，加快建立符合市场规则的产业发展模式和企业运营模式。北斗市场化、产业化新发展对卫星导航法律服务提出了强烈需求。同时，随着北斗国际化的步伐加快，在"统筹推进国内法治与涉外法治"的要求下，北斗涉外法律服务将得到加强，北斗国际化的法律风险防范和纠纷解决机制逐步建立，能够有效防范和控制北斗国际化的法律风险；对国际规则、国外法律法规的学习运用能力将得到加强，对北斗涉外纠纷、诉讼的法律应对能力得到提升；北斗涉外工作法治化水平将得到提高，运用法律手段维护好国家利益和我国公民和组织在海外的正当权益的能力将得到大幅度提升。进一步探索北斗涉外工作法务制度，引导北斗企业加强对外经贸合作的合规管理，提高法律风险防范意识。在开展卫星导航法律服务的实践中，也将逐步涌现一批精通卫星导航法律服务的机构和人才。

（三）卫星导航法治人才加速成长

《法治中国建设规划（2020—2025 年）》提出要"加强队伍和人才保障。牢牢把握忠于党、忠于国家、忠于人民、忠于法律的总要求，大力提高法治工作队伍思想政治素质、业务工作能力、职业道德水准，努力建设一支德才兼备的高素质法治工作队伍”。建设法治国家、法治政府、法治社会，实现科学立法、严格执法、公正司法、全民守法，都离不开一支高素质的法治工作队伍。卫星导航法治建设具有跨学科性、敏感性、涉外性，需要一支政治上可靠、组织上稳定、专业上过硬且具有国际视野的法治人才队伍，作为卫星导航法治建设的长期支撑。在工作机制方面，北斗法治工作机制将不断调整优化，北斗法律专家委员会的组织形式、工作机制将更加科学，北斗法治建设决策支撑体系将更加完备，专业法治工作机构、法治研究机构、法学专家的作用将得到更大发挥。在人才队伍建设方面，探索建立卫星导航法治人才能力体系、标准体系、培养体系，实践性、复合型和具有国际化能力的卫星导航政策法规人才培养储备将得到加强，将逐步涌现一批精通法律、工程、技术、管理和具有国际化视野的高层次法治人才，为卫星导航法治建设提供智力支持。

（四）卫星导航执法司法实践范例丰富典型

系统收集整理我国各行业、各领域，尤其是企事业单位在北斗建设应用实践中遇到的法律难题，针对知识产权、市场准入、安全服务等事关国内产业发展、国际合作推广等热点、难点、焦点问题，集合管理部门、产业部门、学术部门、法律部门等多方面专家智慧和实践成果，加快形成国内外相关法规释义库、典型问题处理案例库、各类场景应对策略库，有力支撑政府部门、行业机构、企事业单位有效应对利益纠纷、有效规避发展风险。

主要参考文献

1. 中华人民共和国国务院新闻办公室:《新时代的中国北斗》,人民出版社2022年版。

2. 杨长风、陈谷仓、郑恒等:《北斗卫星导航系统智能运行维护理论与实践》,中国宇航出版社2020年版。

3. 刘天雄:《卫星导航系统概论》,中国宇航出版社2017年版。

4. 孙家栋、杨长风主编:《北斗二号卫星工程系统工程管理》,国防工业出版社2017年版。

5. 中华人民共和国国务院新闻办公室:《中国北斗卫星导航系统》,人民出版社2016年版。

6. 曹冲:《北斗与GNSS系统概论》,电子工业出版社2016年版。

7. 中国卫星导航定位协会:《中国卫星导航与位置服务产业发展白皮书(2022年)》,中国卫星导航定位协会2022年版。

8. 中国卫星导航系统管理办公室:《北斗卫星导航系统法治建设报告》,中国卫星导航系统管理办公室2021年。

9. 杨长风、杨军、杨君琳、王浚、李作虎:《北斗卫星导航系统规模应用国际化发展战略研究》,载《中国工程科学》2023年第2期。

10. 杨军:《北斗卫星导航系统全球服务的风险分析和应对策略》,载《中国工程科学》2023年第2期。

11. 杨君琳、杨长风、毛国辉:《中国卫星导航建设现代化管理研究》,载《中国工程科学》2023 年第 2 期。

12. 王毅:《全面推进中国特色大国外交》,载《人民日报》2022 年 11 月 8 日,第 6 版。

13. 杨长风:《进入全球服务新时代的北斗系统》,载《卫星应用》2022 年第 4 期。

14. 杨长风、卢鋆:《加快建设下一代北斗系统筑牢国家时空信息服务重要基石》,载《中国网信》2022 年第 5 期。

15. 宋溱、庞波波、翁艳云等:《北斗短报文在全球海上遇险与安全通信领域的应用与展望》,载《中国航海》2022 年第 4 期。

16. 陈颖、卢鋆、刘成等:《北斗卫星导航系统国际民航标准重点问题研究与指标验证》,载《天文研究与技术》2022 年第 5 期。

17. 杨蔚玲、汪澍、王媛媛:《我国北斗企业"走出去"进程中的知识产权风险及其应对》,载《电子知识产权》2022 年第 12 期。

18. 王国语:《干扰全球卫星导航系统行为的国际法适用问题探析》,载《上海政法学院学报(法治论丛)》2022 年第 2 期。

19. 冯晓峰:《提升北斗系统服务"一带一路"能力的建议》,载《中国外资》2022 年第 14 期。

20. 李静、龙强、臧志斌等:《北斗卫星导航系统在电力行业的应用研究》,载《电力信息与通信技术》2022 年第 10 期。

21. 刘通、李仲林、孙长麟:《北斗卫星导航系统的应用分析》,载《信息与电脑(理论版)》2022 年第 7 期。

22. 李书磊:《增强实现中华民族伟大复兴的精神力量》,载《人民日报》2022 年 11 月 10 日,第 6 版。

23. 杨军:《北斗卫星导航系统建设与发展》,载《卫星应用》2021 年第 6 期。

24. 杨君琳:《论北斗时代的个人位置信息法律保护》,载《法学杂志》2021年第2期。

25. 杨君琳等:《我国卫星导航产业政策现状与转型发展》,载《中国工程科学》2021年第2期。

26. 兰峰、彭召琦:《卫星频率轨位资源全球竞争态势与对策思考》,载《天地一体化信息网络》2021年第2期。

27. 高泽晋:《北斗卫星导航系统的扩散特征与创新代理路径研究》,载《中国科技论坛》2021年第9期。

28. 孟俊、王洵、马智伟等:《北斗产业化赋能交通运输行业高质量发展》,载《卫星应用》2021年第7期。

29. 王洵、欧志伟、柳井明等:《交通运输行业北斗系统国际化应用综述》,载《卫星应用》2021年第4期。

30. 卞鸿巍、徐江宁、何泓洋等:《国家综合PNT体系弹性概念》,载《武汉大学学报(信息科学版)》2021年第9期。

31. 陈文清:《统筹发展和安全,筑牢国家安全屏障》,载《人民日报》2020年12月31日,第9版。

32. 曲向芳:《北斗产业创新发展,应用领域更加广泛——〈2020年卫星导航与位置服务产业发展白皮书〉发布》,载《卫星应用》2020年第6期。

33. 杨军:《北斗卫星导航系统建设与发展》,载《卫星应用》2020年第12期。

34. 杨君琳:《在法治轨道上推进北斗更高层次发展》,载《法制日报》2020年7月30日,第6版。

35. 杜辉、陈倩:《卫星导航应用标准分析研究》,载《全球定位系统》2020年第3期。

36. 丁薛祥:《完善坚定维护党中央权威和集中统一领导的各项制度》,载《秘书工作》2019年第11期。

37. 周建华、陈俊平、张晶宇:《北斗“一带一路”服务性能增强技术研究》,载《中国工程科学》2019 年第 4 期。

38. 刘振新、徐忠宾、贾涛:《北斗三号全球组网卫星风险控制和管理研究》,载《质量探索》2019 年第 2 期。

39. 江博、李光:《科技创新对北斗产业发展的驱动引领》,载《科技管理研究》2019 年第 10 期。

40. 廉颖婷:《北斗走出去需重视法律风险管理》,载《法制日报》2019 年 5 月 9 日,第 7 版。

41. 王馨慧、袁建华:《基于系统仿真模型的北斗导航产业政策分析》,载《计算机仿真》2019 年第 2 期。

42. 张正烜、高亢、郭广阔等:《北斗卫星导航系统应用产业化发展探讨》,载《卫星应用》2019 年第 11 期。

43. 杨长风:《中国北斗导航系统综合定位导航授时体系发展构想》,载《中国科技产业》2018 年第 6 期。

44. 杨君琳:《导航立法:直击“痛点”,建设“法治北斗”》,载《卫星应用》2018 年第 4 期。

45. 蔺陆洲、李作虎:《中阿北斗合作论坛的机遇与挑战》,载《阿拉伯世界研究》2018 年第 2 期。

46. 陈文博:《我国卫星导航政策文本的量化研究——基于政策工具的视角》,载《东南学术》2018 年第 3 期。

47. 谢军、刘庆军、边朗:《基于北斗系统的国家综合定位导航授时(PNT)体系发展设想》,载《空间电子技术》2017 年第 5 期。

48. 高国柱:《北斗卫星导航产业的政策研究》,载《北京航空航天大学学报(社会科学版)》2017 年第 4 期。

49. 毛凌野:《湖南省卫星应用进展》,载《卫星应用》2017 年第 9 期。

50. 杨君琳、胡象明:《完善 BDS 应用产业政策的 6 项原则》,载《导航定位学报》2016 年第 3 期。

51. 栾恩杰、王崑声、袁建华等:《我国卫星及应用产业发展研究》,载《中国工程科学》2016 年第 4 期。

52. 李作虎、吴海玲、汪陶胜等:《北斗海事国际标准总体研究及发展思考》,载《中国标准化》2015 年第 4 期。

53. 王震:《北斗系统的海外发展与“丝绸之路经济带”建设》,载《社会科学》2015 年第 7 期。

54. 吴海玲、李作虎、刘晖等:《卫星导航系统国际标准工作的现状分析与对策研究》,载《地理信息世界》2014 年第 6 期。

55. 魏永刚、陆静、周玉霞等:《北斗标准化发展战略思考》,载《中国标准化》2014 年第 11 期。

56. 李作虎、席欢:《日本卫星导航系统发展与思考》,载《卫星与网络》2013 年第 10 期。

57. 杨元喜:《北斗卫星导航系统的进展、贡献与挑战》,载《测绘学报》2010 年第 1 期。

58. Yang C F. Innovationand development of Bei Dou navigation satellite system(BDS) project management mode[J]. Frontiers of Engineering Management,2021,8(2).

59. European Global Navigation Satellite Systems Agency. GNSS marke treport,issue6[R]. Prague:European Global Navigation Satellite Systems Agency, 2019.

60. European Union Agency for the Space Programme(EUSPA). EO and GNSS market report[R]. Prague:European Union Agency for the Space Programme,2022.

61. Weiss Peter. The global positioning system(GPS):Creating satellite beacons in space,engineers transformed daily life on earth[J]. Engineering,2021,7

(3):1 – 14.

62. Montenbruck O, Steigenberger P, Hauschild A. Comparing the "Big 4" – a user' sview on GNSS performance. In: IEEE/ION Position, Location and Navigation Symposium (PLANS). New York: IEEE; 2020. p. 407 – 18.

附录

新时代的中国北斗

（2022 年 11 月）

中华人民共和国国务院新闻办公室

目　录

前　　言

北斗卫星导航系统（以下简称北斗系统）是中国着眼于国家安全和经济社会发展需要，自主建设、独立运行的卫星导航系统。经过多年发展，北斗系统已成为面向全球用户提供全天候、全天时、高精度定位、导航与授时服务的重要新型基础设施。

党的十八大以来，北斗系统进入快速发展的新时代。2020 年 7 月 31 日，习近平总书记向世界宣布北斗三号全球卫星导航系统正式开通，标志着北斗系统进入全球化发展新阶段。从改革开放新时期到中国发展进入新时代，从北斗一号到北斗三号,从双星定位到全球组网,从覆盖亚太到服务全球,北斗系统与国家发展同频共振,与民族复兴同向同行。

新时代的中国北斗,既造福中国人民,也造福世界各国人民。北斗系统秉持"中国的北斗、世界的北斗、一流的北斗"发展理念,在全球范围内实现广泛应用,赋能各行各业,融入基础设施,进入大众应用领域,深刻改变着人们的生产生活方式,成为经济社会发展的时空基石,为卫星导航系统更好服务全球、造福人类贡献了中国智慧和力量。

新时代的中国北斗,展现了中国实现高水平科技自立自强的志气和骨气,展现了中国人民独立自主、自力更生、艰苦奋斗、攻坚克难的精神和意志,展现了中国特色社会主义集中力量办大事的制度优势,展现了胸怀天下、立己达人的中国担当。

为介绍新时代中国北斗发展成就和未来愿景,分享中国北斗发展理念和实践经验,特发布本白皮书。

一、北斗发展进入新时代

进入新时代,伴随着中国发展取得历史性成就、发生历史性变革,中国北斗走上高质量发展之路,机制体系、速度规模等不断实现新突破、迈上新台阶,创造了中国北斗耀苍穹的奇迹。

(一)走出自主发展的中国道路

中国立足国情国力,坚持自主创新、分步建设、渐进发展,不断完善北斗系统,走出一条从无到有、从有到优、从有源到无源、从区域到全球的中国特色卫星导航系统建设道路。

实施"三步走"发展战略。1994 年,中国开始研制发展独立自主的卫星导航系统,至 2000 年底建成北斗一号系统,采用有源定位体制服务中国,成为世界上第三个拥有卫星导航系统的国家。2012 年,建成北斗二号系统,面向亚太地区提供无源定位服务。2020年,北斗三号系统正式建成开通,面向全球提供卫星导航服务,标志着北斗系统“三步走”发展战略圆满完成。

向全球时代加速迈进。2012年12月,北斗二号系统建成并提供服务,这是北斗系统发展的新起点。2015年3月,首颗北斗三号系统试验卫星发射。2017年11月,完成北斗三号系统首批2颗中圆地球轨道卫星在轨部署,北斗系统全球组网按下快进键。2018年12月,完成19颗卫星基本星座部署。2020年6月,由24颗中圆地球轨道卫星、3颗地球静止轨道卫星和3颗倾斜地球同步轨道卫星组成的完整星座完成部署。2020年7月,北斗三号系统正式开通全球服务,“中国的北斗”真正成为“世界的北斗”。

(二)更好服务全球、造福人类

新时代的中国北斗,以更好服务全球、造福人类为宗旨,进一步提高多种技术手段融合水平,不断提升多样化、特色化服务能力,大力推动北斗应用产业发展,全方位加强国际交流合作,更好满足经济社会发展和人民美好生活需要,更好实现共享共赢。

——开放兼容。免费提供公开的卫星导航服务,持续提升全球公共服务能力。积极开展国际合作与交流,倡导和加强多系统兼容共用。

——创新超越。坚持创新驱动发展战略,实现创新引领,提升自主发展能力。持续推动系统升级换代,融合新一代通信、低轨增强等新兴技术,推动与非卫星导航技术融合发展。

——优质服务。确保系统连续稳定运行,发挥特色服务优势,为全球用户提供优质的卫星导航服务。完善标准、政策法规、知识产权、宣传推广等体系环境建设,优化北斗产业生态。

——共享共赢。深化北斗系统应用推广,推进北斗产业高质量发展,融入千行百业,赋能生产生活。与世界共享中国卫星导航系统建设发展成果,实现互利互赢。

(三)铸就新时代北斗精神

在面对未知的艰辛探索中,中国北斗建设者披荆斩棘、接续奋斗,培育了"自主创新、开放融合、万众一心、追求卓越"的新时代北斗精神,生动诠释了以爱国主义为核心的民族精神和以改革创新为核心的时代精神,丰富了中国共产党人的精神谱系。

自主创新是中国北斗的核心竞争力。北斗系统始终坚持自主创新、自主设计、自主建造、自主可控,把关键核心技术牢牢掌握在自己手中,这是中国北斗应对各种挑战、战胜各种困难的主动选择。

开放融合是中国北斗的世界胸襟。北斗系统顺应开放的时代大势和融合的发展潮流,践行"让各国人民共享发展机遇和成果"的承诺,展现了登高望远的格局和美美与共的胸襟。

万众一心是中国北斗的成功密码。北斗系统是全体北斗建设者同舟共济、合作奉献的结果,是全国上下支持、各方力量协作的结果,生动诠释了中华民族团结拼搏的优良传统和中国人民深沉的家国情怀。

追求卓越是中国北斗的永恒目标。北斗系统对标世界一流,"要做就做最好",实现工程技术卓越、运行服务卓越、工程实施管理卓越,成为新时代中国的一个闪亮品牌。

(四)展望北斗发展新愿景

面向未来,中国将建设技术更先进、功能更强大、服务更优质的北斗系统,建成更加泛在、更加融合、更加智能的综合时空体系,提供高弹性、高智能、高精度、高安全的定位导航授时服务,更好惠及民生福祉、服务人类发展进步。

建强北斗卫星导航系统,建成中国特色北斗系统智能运维管理体系,突出短报文、地基增强、星基增强、国际搜救等特色服务优势,不断提升服务性能、拓展服务功能,形成全球动态分米级高精度定位导航和完好性保障能力,向全球用户提供高质量服务。

推动北斗系统规模应用市场化、产业化、国际化发展,提供更加优质、更加多样的公共服务产品,进一步挖掘市场潜力、丰富应用场景、扩大应用规模,构建新机制,培育新生态,完善产业体系,加强国际产业合作,打造更加完整、更富韧性的产业链,让北斗系统发展成果更好惠及各国人民。

构建国家综合定位导航授时体系,发展多种导航手段,实现前沿技术交叉创新、多种手段聚能增效、多源信息融合共享,推动服务向水下、室内、深空延伸,提供基准统一、覆盖无缝、弹性智能、安全可信、便捷高效的综合时空信息服务,推动构建人类命运共同体,建设更加美好的世界。

二、跻身世界一流的中国北斗

中国北斗的建设发展,始终锚定世界一流目标,坚持创新引领、追求卓越,不断实现自我超越。中国的北斗,技术先进、设计领先、功能强大,是世界一流的全球卫星导航系统。

(一)核心技术自主研发

中国从自身实际出发,因应世界卫星导航发展趋势,从星座构型、技术体制、服务功能等方面创新系统设计,攻克混合星座、星间链路、信号体制设计等多项核心关键技术,在全球范围实现一流能力。

创新星座构型。首创中高轨混合异构星座,高轨卫星单星覆盖区域大、抗遮挡能力强,中轨卫星星座全球运行、全球覆盖,是实现全球服务的核心,各轨道卫星优势互补,既能实现全球覆盖,又能加强区域能力。

构建星间链路。首次通过星间链路实现卫星与卫星之间、卫星与地面之间一体化组网运行,实现星间高精度测量和数据传输,基于国内布站条件提供全球运行服务。

优化信号体制。突破调制方式、多路复用、信道编码等关键技术，率先实现全星座三频服务，实现导航定位功能与通信数传功能、基本导航信息与差分增强信息的融合设计，信号测距精度、抗干扰和抗多径等性能达到世界一流水平，实现与其他卫星导航系统的兼容共用并支持多样化特色服务。

（二）系统组成创新引领

北斗系统由空间段、地面段和用户段组成。其中，空间段由中圆地球轨道、地球静止轨道、倾斜地球同步轨道等三种轨道共30颗卫星组成；地面段由运控系统、测控系统、星间链路运行管理系统，以及国际搜救、短报文通信、星基增强和地基增强等多种服务平台组成；用户段由兼容其他卫星导航系统的各类终端及应用系统组成。

北斗系统星间星地一体组网，是中国首个实现全球组网运行的航天系统，显著提升了中国航天科研生产能力，有力推动中国宇航技术跨越式发展。

组批生产能力卓越。创新星地产品研制和星箭制造，研制运载火箭上面级、导航卫星专用平台，实现星箭批量生产、密集发射、快速组网，以两年半时间18箭30星的中国速度完成全球星座部署，创造世界导航卫星组网新纪录。

关键器件自主可控。实现宇航级存储器、星载处理器、大功率微波开关、行波管放大器、固态放大器等器部件国产化研制，北斗系统核心器部件100%自主可控，为北斗系统广泛应用奠定了坚实基础。

（三）系统服务优质多样

北斗系统服务性能优异、功能强大，可提供多种服务，满足用户多样化需求。其中，向全球用户提供定位导航授时、国际搜救、全球短报文通信等三种全球服务；向亚太地区提供区域短报文通信、星基增强、精密单点定位、地基增强等四种区域服务。

定位导航授时服务。通过 30 颗卫星,免费向全球用户提供服务,全球范围水平定位精度优于 9 米、垂直定位精度优于 10 米,测速精度优于 0.2 米/秒、授时精度优于 20 纳秒。

国际搜救服务。通过 6 颗中圆地球轨道卫星,旨在向全球用户提供符合国际标准的遇险报警公益服务。创新设计返向链路,为求救者提供遇险搜救请求确认服务。

全球短报文通信服务。北斗系统是世界上首个具备全球短报文通信服务能力的卫星导航系统,通过 14 颗中圆地球轨道卫星,为特定用户提供全球随遇接入服务,最大单次报文长度 560 比特(40 个汉字)。

区域短报文通信服务。北斗系统是世界上首个面向授权用户提供区域短报文通信服务的卫星导航系统,通过 3 颗地球静止轨道卫星,为中国及周边地区用户提供数据传输服务,最大单次报文长度 14000 比特(1000 个汉字),具备文字、图片、语音等传输能力。

星基增强服务。创新集成设计星基增强服务,通过 3 颗地球静止轨道卫星,旨在向中国及周边地区用户提供符合国际标准的 I 类精密进近服务,支持单频及双频多星座两种增强服务模式,可为交通运输领域提供安全保障。

精密单点定位服务。创新集成设计精密单点定位服务,通过 3 颗地球静止轨道卫星,免费向中国及周边地区用户提供定位精度水平优于 30 厘米、高程优于 60 厘米,收敛时间优于 30 分钟的高精度定位增强服务。

地基增强服务。建成地面站全国一张网,向行业和大众用户提供实时米级、分米级、厘米级和事后毫米级高精度定位增强服务。

三、提高系统运行管理水平

作为负责任的航天大国,中国不断提高北斗系统运行管理水平,保障系统连续稳定运行、保持系统性能稳步提升、保证系统信息公开透明,确保系统持续、健康、快速发展,提供高稳定、高可靠、高安全、高质量的时空信息服务。

(一)保障系统稳定运行

稳定运行是卫星导航系统的生命线。中国北斗坚持系统思维,构建以齐抓共管多方联保为组织特色、星地星间全网管控为系统特色、软硬协同智能运维为技术特色的中国特色北斗系统运行管理体系,融“常态保障、平稳过渡、监测评估、智能运维”为一体,为系统连续稳定运行提供了基本保障。

强化常态保障。完善多方联合保障、运行状态会商、设备巡检维护等制度机制,建立协同顺畅、信息共享、决策高效的工作流程,不断提升常态化运行管理保障能力。

确保平稳过渡。从空间段、地面段、用户段等方面,有序实施从北斗二号向北斗三号的平稳过渡,保障用户无需更换设备,以最小代价享受系统升级服务。

加强监测评估。统筹优化北斗系统全球连续监测评估资源配置,对系统星座状态、信号精度、信号质量和服务性能等进行全方位、常态化监测评估,及时准确掌握系统运行服务状态。

提升运维水平。充分利用大数据、人工智能、云计算等新技术,构建北斗系统数据资源池,促进系统运行、监测评估、空间环境等多源数据融通,实现信息按需共享,提升系统智能化运行管理水平。

(二)提升系统服务性能

更高精度、更稳运行是北斗系统的不懈追求。中国北斗坚持稳中求进,在系统状态、时空基准、应用场景等方面持续用力,推动系统服务能力不断提升、服务场域不断拓展、服务品质不断升级。

升级系统状态。实施地面设备升级改造,按需更新在轨卫星软件,动态优化星地处理模型和算法,持续加强星间星地一体化网络运行能力,不断提升空间信号精度与质量,实现服务性能稳中有升。

建强时空基准。建立与维持北斗系统高精度时间基准,持续开展与其他卫星导航系统时差监测,在导航电文中播发,加强与其他卫星导航系统时间系统互操作。北斗坐标系统与国际大地参考框架保持对齐,加强与其他卫星导航系统坐标系统互操作。

拓展服务场域。开展多手段导航能力建设,实现弹性定位导航授时服务功能。开展北斗地月空间服务应用探索和试验,推动北斗服务向深空延展。突破导航通信融合系列关键技术,提升复杂环境和人类活动密集区服务能力。

(三)发布系统动态信息

发布系统信息是卫星导航系统提升用户感知度和信赖度的基本途径。中国北斗坚持公开透明,建设发布平台,完善发布机制,动态发布权威准确的系统信息,向全球用户提供负责任的服务。

建设多渠道信息发布平台。通过北斗官方网站(www. beidou. gov. cn)、监测评估网站(www. csno – tarc. cn 和 www. igmas. org)、官方微信公众号(beidousystem)等渠道平台,发布系统建设运行、应用推广、国际合作、政策法规等相关信息。

发布系统服务文件。更新发布北斗公开服务信号接口控制文件,定义北斗系统卫星与用户终端之间的接口关系,规范信号结构、基本特性、测距码、导航电文等内容,为全球研发北斗应用产品提供输入。更新发布公开服务性能规范,明确北斗系统公开服务覆盖范围和性能指标。

发布系统状态信息。及时发布卫星发射入网、在轨测试、监测评估结果以及卫星退役退网等系统状态信息。在采取可能影响用户服务的计划操作之前,适时向国内外用户发布通告。

四、推动应用产业可持续发展

新时代的中国北斗，坚持在发展中应用、在应用中发展，不断夯实产品基础、拓展应用领域、完善产业生态，持续推广北斗规模化应用，推动北斗应用深度融入国民经济发展全局，促进北斗应用产业健康发展，为经济社会发展注入强大动力。

（一）制定实施产业发展战略

中国北斗坚持以用促建、建用并举，体系化设计北斗应用产业发展，工程化推进北斗行业和区域应用，不断深化北斗系统推广应用，推动北斗产业高质量发展。

创新谋划应用产业总体思路。面对新时代、新形势、新要求，坚持以抓生态保障、抓共性基础、推应用产业为重心的总体思路，凝聚各方力量，形成齐抓共管、合力推动新局面。

加强产业发展规划设计。编制实施《全面加强北斗系统产业化应用发展总体方案》、北斗产业发展专项规划，各行业、各地区陆续出台实施北斗产业专项计划、专项行动，持续完善产业创新体系、融合应用体系、产业生态体系、全球服务体系。

实施北斗产业化重大工程。按照统筹集约、突出重点、分类推进的原则，聚焦保安全、促创新、强产业，发挥重大工程的战略牵引作用，加快形成以市场为主导、企业为主体的北斗产业发展格局。

（二）夯实产业发展根基

中国北斗聚焦应用基础设施、应用基础产品和应用基础软件，加强应用基础平台建设，加大应用技术研发支持力度，不断夯实北斗应用产业发展根基。

完善应用基础设施。全面打造国际搜救、短报文通信、星基增强、地基增强等北斗特色服务平台，加强北斗特色服务与多种通信手段融合，拓展应用广度深度，为用户提供更加高效便捷的服务。

研发应用基础产品。研制芯片、模块、天线等系列基础产品，实现北斗基础产品亿级量产规模。研发卫星导航与惯性导航、移动通信、视觉导航等多种手段融合的基础产品，增强应用弹性。

研发应用基础软件。加大自主研发力度，加强定位解算、模型开发、数据分析、设计仿真等共性基础技术软件化和工具化，推动应用基础软件可用好用。

（三）优化产业发展生态

中国北斗围绕标准规范、知识产权、检测认证、产业评估等，成体系打造要素完备、创新活跃、良性健康的产业生态，实现供应链、产业链、创新链、政策链共振耦合，推动应用产业集群发展。

推进标准化建设。充分发挥标准的基础性、引领性作用，更新发布北斗卫星导航标准体系，加快北斗应用标准制（修）订。持续推动形成包括团体标准、行业标准、国家标准和国际标准在内的相互衔接、覆盖全面、科学合理的应用标准体系，推动产业优化升级。

加强知识产权保护。提升北斗卫星导航领域专利审查质量和效率，为北斗系统的专利布局提供支撑。激发北斗创新应用主体在知识产权创造、运用、保护、管理方面的动力和活力，提升中国卫星导航专利基础储备和应用转化能力。

完善产品检测认证体系。强化北斗卫星导航产品检测认证顶层设计，构建检测认证公共服务网络平台，开展重点行业和领域北斗产品检测认证，提升产品质量水平，确保应用安全可靠。

构建产业评估体系。面向重点行业、关键领域、主要区域、大众应用和国际应用，健全应用信息反馈机制，建立北斗应用产业评估机制，保障产业健康可持续发展。

提高产业发展协作水平。鼓励北斗产业联盟建设，加强产学研用协同合作，加强与市场需求对接。发挥相关行业协会、学会的政企桥梁纽带作用，促进交流合作和行业自律。

打造产业集群。推动重点区域、重点城市结合国家战略和自身特点，全面布局北斗产业应用，巩固区域发展特色优势，形成以研发机构、骨干企业、特色园区为主体的北斗产业集群。

（四）做强产业发展业态

中国北斗广泛应用于经济社会发展各行业各领域，与大数据、物联网、人工智能等新兴技术深度融合，催生“北斗＋”和“＋北斗”新业态，支撑经济社会数字化转型和提质增效，让人民生活更便捷、更精彩。

示范引领带动。瞄准具有较大应用规模、社会效益和经济效益显著的重要行业，结合国家发展战略，实施行业和区域示范应用，形成综合应用解决方案，带动北斗规模化应用。

融入关键领域。快速融入影响国计民生、社会公益，涉及国家安全、公共安全和经济安全的重要领域，实现应用更可靠、安全有保障。

赋能各行各业。深度融入信息基础设施、融合基础设施、创新基础设施等新型基础设施建设，广泛进入交通、能源、农业、通信、气象、自然资源、生态环境、应急减灾等重点行业，实现降本增效。

走进千家万户。广泛进入大众消费、共享经济和民生领域，通过智能手机、车载终端、穿戴设备等应用产品，全面服务于绿色出行、外卖送餐、健康养老、儿童关爱、医疗教育等人民生活衣食住行方方面面。

专栏　北斗应用产业快速发展
2021 年,中国卫星导航与位置服务产业总体产值达到约 4700 亿元人民币。 产品制造方面,北斗芯片、模块等系列关键技术持续取得突破,产品出货量快速增长。截至 2021 年底,具有北斗定位功能的终端产品社会总保有量超过 10 亿台/套。 行业服务方面,北斗系统广泛应用于各行各业,产生显著经济和社会效益。截至 2021 年底,超过 780 万辆道路营运车辆安装使用北斗系统,近 8000 台各型号北斗终端在铁路领域应用推广,基于北斗系统的农机自动驾驶系统超过 10 万台/套,医疗健康、防疫消杀、远程监控线上服务等下游运营服务环节产值近 2000 亿元。 大众应用方面,以智能手机和智能穿戴式设备为代表的北斗大众领域应用获得全面突破,包括智能手机器件供应商在内的国际主流芯片厂商产品广泛支持北斗。2021 年国内智能手机出货量中支持北斗的已达 3.24 亿部,占国内智能手机总出货量的 94.5%。

五、提升现代化治理水平

新时代的中国北斗,坚持制度创新、机制创新、发展创新,完善政策法规,优化组织管理,厚植人才优势,以改革创新驱动科技创新,充分发挥有效市场和有为政府作用,不断提升现代化治理水平。

(一)创新组织管理体制机制

中国立足北斗系统建设发展需求,科学统筹、优化机制,充分发挥国家制度优势,集中力量办大事,把政府、市场、社会等各方面力量汇聚起来,形成北斗事业发展强大合力。

创新工程建设组织管理。充分发挥北斗系统工程建设领导机构作用,构建多部门协同、责任清晰、分工明确、分级实施的组织管理体系,创建工程、应用、国际合作“三位一体”协同推进机制,确保北斗工程建设管理运行顺畅、协调高效、规范有序。

建立统筹协调机制。加强基础设施建设、应用推广、国际合作、卫星频率轨道资源管理、知识产权保护、标准制定、人才队伍建设等方面的系统谋划和协调推进,构建全联动、大协调工作新格局。

（二）以制度创新驱动科技创新

中国深入实施创新驱动发展战略，坚持科技创新与制度创新“双轮驱动”，建立健全卫星导航科技创新动力机制，加快推进科技创新。

建立原始集成协同创新机制。秉承自主创新、开放交流的发展原则，培育卫星导航科技原始创新发源地，超前部署战略性、基础性、前瞻性科学技术研究，构建先进的技术攻关体系和产品研发体系。适应北斗与新一代信息技术深度融合发展要求，分阶段组织、增量式发展、多功能集成，建立跨学科、跨专业、跨领域协同创新机制，汇聚创新资源和要素，激发创新发展的聚变效应。

完善竞争择优的激励机制。以公开透明、公平竞争、互学互鉴为原则，创建多家参与、产品比测、综合评估、动态择优的竞争机制，既保持竞争压力，又充分调动各方积极性，实现高质量、高效益、低成本、可持续发展。

完善科研生产组织体系。强化数字工程等新技术引领，构建智能化试验验证评估体系。优化“研制、测评、改进、再验证”迭代演进科研生产流程，创建适应多星、多箭、多站同期研发、组批生产新模式，提升星地一体快速组网能力。

（三）推进卫星导航法治建设

中国统筹发展与安全、统筹当前和长远、统筹国内法治与涉外法治，全方位构建中国卫星导航法治体系，积极参与卫星导航全球治理，为北斗系统持续健康发展营造良好内外环境。

加快推进卫星导航立法。研究制定《中华人民共和国卫星导航条例》，规范和加强卫星导航活动管理，健全卫星导航系统建设、运行服务、应用管理、国际合作、安全保障等配套制度，不断完善卫星导航法律制度体系。

持续优化营商环境。坚持市场化、法治化、国际化原则，规范卫星导航市场秩序，持续净化市场环境，保护市场主体权益，优化政府服务，营造稳定、公平、透明、可预期的营商环境,激发市场活力和发展动力。

规范卫星导航活动。根据空间物体登记规定,及时准确完整报送北斗卫星信息。依法办理相关无线电频率使用许可、空间无线电执照和卫星地球站执照。依法保护北斗系统频谱使用,严禁生产、销售或使用卫星导航非法干扰设备,依法查处非法干扰行为。

参与卫星导航全球治理。践行共商共建共享的全球治理观,在全球卫星导航系统国际委员会(ICG)框架下处理卫星导航国际事务,参与卫星导航国际规则制定,推动卫星导航国际秩序朝着更加公正合理的方向发展。

(四)厚植发展人才优势

人才是发展和创新的第一资源。中国北斗坚持用事业培养人才、团结人才、引领人才、成就人才,不断壮大人才队伍、发挥人才优势,为卫星导航事业发展注入不竭动力。

建强人才队伍。完善定位导航授时相关领域人才培养体系,健全人才培养、交流和激励机制,构建人才培养平台,推动建设国家重点实验室,壮大跨学科、复合型、国际化人才队伍。

促进学术繁荣。面向定位导航授时前沿技术和产业发展需求,深化定位导航授时基础理论和应用研究,加强定位导航授时学术交流,多措并举提升科技创新能力和水平。

推进科普教育。持续推动科普教育基地建设,注重打造体验式科普场景,开展科普活动,出版科普读物,丰富科普内容,促进定位导航授时知识大众化、普及化,激发全民探索科学、探索时空的热情。

六、助力构建人类命运共同体

卫星导航是全人类的共同财富。中国坚持开放融合、协调合作、兼容互补、成果共享,积极开展北斗系统国际合作,推进北斗应用国际化进程,让北斗系统更好服务全球、造福人类，助力构建人类命运共同体。

（一）促进多系统兼容共用

中国积极倡导和持续促进卫星导航系统间兼容与互操作，积极开展频率轨位协调与磋商，共同提高卫星导航系统服务水平，为全球用户提供更加优质多样、安全可靠的服务。

倡导兼容与互操作合作。持续推进北斗系统与其他卫星导航系统、星基增强系统的兼容与互操作，促进卫星导航系统兼容共用，实现资源共享、优势互补、技术进步。建立卫星导航多双边合作机制，持续开展兼容与互操作协调，与其他国家就卫星导航系统和星基增强系统开展合作与交流，促进各卫星导航系统的共同发展。

开展频率轨位协调与磋商。遵循国际电信联盟规则，维护卫星网络申报协调国际秩序，通过多双边友好协商开展卫星导航频率轨位协调与磋商。积极参与国际组织主导的技术和标准研究制定，与相关国家共同维护、使用和拓展卫星导航频率轨位资源。

（二）广泛开展国际合作交流

中国深化国际合作机制，共拓国际合作渠道，打造国际合作平台，建立国际合作窗口，持续扩大北斗系统国际“朋友圈”，不断提升卫星导航全球应用水平。

深度参与卫星导航国际事务。参加联合国框架下系列活动，举办全球卫星导航系统国际委员会大会，参与议题研究，研提合作建议，发起合作倡议，共商共促世界卫星导航事业发展。

开展多双边合作交流。与东盟、阿盟等区域组织和非洲、拉美等地区的国家开展合作与交流，举办北斗/GNSS 合作论坛，发布应用场景，推介解决方案，提高国际应用水平。

深化测试评估合作。联合开展北斗及其他全球卫星导航系统定位导航授时、短报文通信、国际搜救等服务性能测试评估，发布测试评估报告，增进用户对卫星导航系统状态和服务性能的了解，增强用户信心，提高合作水平。

搭建国际教育培训平台。持续开展卫星导航相关专业国际学生学历教育，特别是硕士及博士生教育。依托联合国空间科技教育亚太区域中心（中国）、北斗/GNSS 中心、北斗国际交流培训中心等平台，积极开展卫星导航培训，为国际社会特别是发展中国家培养卫星导航人才，促进国际卫星导航能力建设。

广泛开展国际学术交流。做强中国卫星导航年会和北斗规模应用国际峰会等交流平台，持续提升国际影响力。积极参加国际卫星导航领域学术交流活动，促进国际卫星导航技术进步。

（三）推进加入国际标准体系

中国持续推动北斗系统进入国际标准组织、行业和专业应用等标准组织，使北斗系统更好服务全球用户与相关行业发展。

国际民航领域标准。北斗系统相关技术指标通过国际民航组织验证，满足国际民航领域标准要求，具备为全球民用航空用户提供定位导航授时服务的能力。

国际海事领域标准。北斗系统成为世界无线电导航系统重要组成部分，取得面向海事应用的国际合法地位。北斗船载接收设备检测标准正式发布，为国际海事设备制造商提供设计、生产和检测依据。北斗短报文通信服务加入国际海事组织全球海上遇险与安全系统稳步推进。

国际搜救领域标准。发布搜救卫星应急示位标国际标准。推动北斗返向链路纳入全球搜救卫星系统组织标准，开展返向链路国际兼容共用协调。

国际移动通信领域标准。国际移动通信第三代合作伙伴计划制定发布支持北斗信号的技术标准、性能标准和一致性测试标准，为 2G、3G、4G、5G 移动通信系统和终端使用北斗网络辅助定位和高精度定位功能提供重要支持。

国际数据交换标准。推动北斗进入高精度差分服务、通用数据交换格式、定位信息输出协议等接收机国际通用数据标准。

(四)推动发展成果惠及全球

中国不断推进北斗产品、服务和产业国际应用的深度和广度,加速北斗规模应用国际化进程,助力全球经济社会发展和民生改善,增进世界人民福祉。

提升北斗产品国际贡献。推动芯片、模块、终端等北斗产品加速融入国际产业体系,对接国际需求、对标国际水准、发挥特色优势,融入本地产业,服务转型升级,促进经济社会发展。

促进北斗服务海外落地。建立卫星导航国际应用服务体系,合作共建卫星导航服务平台,联合推动国际搜救、短报文通信、星基增强、地基增强等特色服务国际应用,满足国际用户多样化应用需求。

深化应用产业国际合作。开展卫星导航应用技术研发和产业合作,建立海外北斗应用产业促进中心,培育卫星导航产业基础。加大与东盟、阿盟、非盟、拉共体等区域组织合作力度,发布智慧城市、公共安全、精准农业、数字交通、防灾减灾等北斗应用解决方案,在亚洲、非洲、拉美等地区重点示范应用。

结束语

探索宇宙时空,是中华民族的千年梦想。从夜观“北斗”到建用“北斗”,从仰望星空到经纬时空,中国北斗未来可期、大有可为。中国将坚定不移走自主创新之路,以下一代北斗系统为核心,建设更加泛在、更加融合、更加智能的综合时空体系,书写人类时空文明新篇章。

宇宙广袤,容得下各国共同开发利用;星海浩瀚,需要全人类合作探索。中国愿同各国共享北斗系统建设发展成果,共促世界卫星导航事业蓬勃发展,携手迈向更加广阔的星辰大海,为构建人类命运共同体、建设更加美好的世界作出新的更大贡献。

中国北斗卫星导航系统

（2016 年 6 月）

中华人民共和国国务院新闻办公室

目　录

前　言

北斗卫星导航系统（以下简称北斗系统）是中国着眼于国家安全和经济社会发展需要，自主建设、独立运行的卫星导航系统，是为全球用户提供全天候、全天时、高精度的定位、导航和授时服务的国家重要空间基础设施。

20 世纪后期，中国开始探索适合国情的卫星导航系统发展道路，逐步形成了三步走发展战略：2000 年年底，建成北斗一号系统，向中国提供服务；2012

年年底，建成北斗二号系统，向亚太地区提供服务；计划在2020年前后，建成北斗全球系统，向全球提供服务。

随着北斗系统建设和服务能力的发展，相关产品已广泛应用于交通运输、海洋渔业、水文监测、气象预报、测绘地理信息、森林防火、通信时统、电力调度、救灾减灾、应急搜救等领域，逐步渗透到人类社会生产和人们生活的方方面面，为全球经济和社会发展注入新的活力。

卫星导航系统是全球性公共资源，多系统兼容与互操作已成为发展趋势。中国始终秉持和践行"中国的北斗，世界的北斗"的发展理念，服务"一带一路"建设发展，积极推进北斗系统国际合作。与其他卫星导航系统携手，与各个国家、地区和国际组织一起，共同推动全球卫星导航事业发展，让北斗系统更好地服务全球、造福人类。

一、发展目标与原则

中国高度重视北斗系统建设，将北斗系统列为国家科技重大专项，支撑国家创新发展战略。

（一）发展目标

建设世界一流的卫星导航系统，满足国家安全与经济社会发展需求，为全球用户提供连续、稳定、可靠的服务；发展北斗产业，服务经济社会发展和民生改善；深化国际合作，共享卫星导航发展成果，提高全球卫星导航系统的综合应用效益。

（二）发展原则

中国坚持"自主、开放、兼容、渐进"的原则建设和发展北斗系统。

——自主。坚持自主建设、发展和运行北斗系统，具备向全球用户独立提供卫星导航服务的能力。

——开放。免费提供公开的卫星导航服务，鼓励开展全方位、多层次、高水平的国际合作与交流。

——兼容。提倡与其他卫星导航系统开展兼容与互操作，鼓励国际合作与交流，致力于为用户提供更好的服务。

——渐进。分步骤推进北斗系统建设发展，持续提升北斗系统服务性能，不断推动卫星导航产业全面、协调和可持续发展。

二、持续建设和发展北斗系统

中国始终立足于国情国力，坚持自主创新、分步建设、不断完善北斗系统。

（一）实施“三步走”发展战略

——第一步，建设北斗一号系统（也称北斗卫星导航试验系统）。1994年，启动北斗一号系统工程建设；2000年，发射2颗地球静止轨道卫星，建成系统并投入使用，采用有源定位体制，为中国用户提供定位、授时、广域差分和短报文通信服务；2003年，发射第三颗地球静止轨道卫星，进一步增强系统性能。

——第二步，建设北斗二号系统。2004年，启动北斗二号系统工程建设；2012年年底，完成14颗卫星（5颗地球静止轨道卫星、5颗倾斜地球同步轨道卫星和4颗中圆地球轨道卫星）发射组网。北斗二号系统在兼容北斗一号技术体制基础上，增加无源定位体制，为亚太地区用户提供定位、测速、授时、广域差分和短报文通信服务。

——第三步，建设北斗全球系统。2009年，启动北斗全球系统建设，继承北斗有源服务和无源服务两种技术体制；计划2018年，面向“一带一路”沿线及周边国家提供基本服务；2020年前后，完成35颗卫星发射组网，为全球用户提供服务。

（二）北斗系统的基本组成

北斗系统由空间段、地面段和用户段三部分组成。

——空间段。北斗系统空间段由若干地球静止轨道卫星、倾斜地球同步轨道卫星和中圆地球轨道卫星三种轨道卫星组成混合导航星座。

——地面段。北斗系统地面段包括主控站、时间同步/注入站和监测站等若干地面站。

——用户段。北斗系统用户段包括北斗兼容其他卫星导航系统的芯片、模块、天线等基础产品，以及终端产品、应用系统与应用服务等。

（三）北斗系统的发展特色

北斗系统的建设实践，实现了在区域快速形成服务能力、逐步扩展为全球服务的发展路径，丰富了世界卫星导航事业的发展模式。

北斗系统具有以下特点：一是北斗系统空间段采用三种轨道卫星组成的混合星座，与其他卫星导航系统相比高轨卫星更多，抗遮挡能力强，尤其低纬度地区性能特点更为明显。二是北斗系统提供多个频点的导航信号，能够通过多频信号组合使用等方式提高服务精度。三是北斗系统创新融合了导航与通信能力，具有实时导航、快速定位、精确授时、位置报告和短报文通信服务五大功能。

（四）持续提升北斗系统性能

为满足日益增长的用户需求，北斗系统将加强卫星、原子钟、信号体制等方面的技术研发，探索发展新一代导航定位授时技术，持续提升服务性能。

——提供全球服务。发射新一代导航卫星，研制更高性能的星载原子钟，进一步提高卫星性能与寿命，构建稳定可靠的星间链路；增发更多的导航信号，加强与其他卫星导航系统的兼容与互操作，为全球用户提供更好的服务。

——增强服务能力。大力建设地面试验验证系统，实现星地设备全覆盖测试验证；持续建设完善星基和地基增强系统，大幅提高系统服务精度和可靠性；优化位置报告及短报文通信技术体制，扩大用户容量，拓展服务区域。

——保持时空基准。北斗系统时间基准（北斗时），溯源于协调世界时，时差信息在导航电文中发播；推动与其他卫星导航系统开展时差监测，提高兼容与互操作。发展基于北斗系统的全球位置标识体系，推动北斗系统坐标框架与其他卫星导航系统的互操作，并不断精化参考框架。

三、提供可靠安全的卫星导航服务

中国承诺采取多项措施保障系统安全稳定运行，为用户免费提供连续、稳定、可靠的公开服务。

（一）保障北斗系统安全稳定运行

——完善运行管理机制。完善北斗系统空间段、地面段、用户段的多方联动的常态化机制，不断提高大型星座系统的运行管理保障能力。

——建立监测评估网络。建设全球连续监测评估系统，积极开展国际合作，广泛利用国际资源，对北斗系统星座状态、信号精度、信号质量和系统服务性能等进行全方位的监测和评估，为用户应用提供参考。

——采取冗余备份手段。采用卫星在轨、地面备份策略，避免和降低卫星突发在轨故障对系统服务性能的影响；采用地面设施的冗余备份设计，着力消除薄弱环节，增强系统可靠性。

（二）提供免费的公开服务

目前，正在运行的北斗二号系统发播 B1I 和 B2I 公开服务信号，免费向亚太地区提供公开服务。服务区为南北纬 55 度、东经 55 度到 180 度区域，定位精度优于 10 米，测速精度优于 0.2 米/秒，授时精度优于 50 纳秒。

（三）及时发布系统信息

——发布北斗系统公开服务信号文件，为全球研发北斗应用产品提供输入。目前，已发布 B1I、B2I 信号接口控制文件，定义了北斗二号系统卫星与用户终端之间的接口关系，规范了信号结构、基本特性、测距码、导航电文等内容；已发布公开服务性能规范，定义了北斗二号系统服务覆盖范围、精度、连续性、可用性等性能指标。后续，将结合北斗系统建设发展持续更新和发布。

——建立多渠道信息发布机制。适时召开新闻发布会，权威发布北斗系统发展重要信息；通过北斗官方网站（网址 www. beidou. gov. cn），及时更新系统建设、运行、应用、国际合作等方面最新动态；在采取可能影响用户服务的计划之前，向国际社会提前发布通告。

（四）保护卫星导航频谱使用

——依法保护卫星导航频谱。根据国家无线电频谱保护法律法规，保护北斗系统频谱使用，保障北斗系统运行和用户使用安全。

——坚决抵制有害干扰。严禁生产、销售或使用卫星导航非法干扰设备，依法查处任何影响系统运行和服务的恶意干扰行为。

四、推动北斗系统应用与产业化发展

中国积极培育北斗系统的应用开发，打造由基础产品、应用终端、应用系统和运营服务构成的北斗产业链，持续加强北斗产业保障、推进和创新体系，不断改善产业环境，扩大应用规模，实现融合发展，提升卫星导航产业的经济和社会效益。

（一）构建产业保障体系

——出台有关产业政策。中国已制定了卫星导航产业发展规划，对卫星导航产业中长期发展进行了总体部署，鼓励国家部门与地方政府出台支持北斗应用与产业化发展的有关政策。

——营造公平的市场环境。努力建立竞争有序的导航产业发展环境，提高资源配置效益和效率；鼓励并支持国内外科研机构、企业、高等院校和社会团体等组织，积极开展北斗应用开发，充分释放市场活力。

——加强标准化建设。2014 年，成立了全国北斗卫星导航标准化技术委员会，建立并完善北斗卫星导航标准体系，推动标准验证与实施，着力推进基础、共性、急需标准的制（修）订，全面提升卫星导航标准化发展的整体质量效益。

——构建产品质量体系。着力建立健全卫星导航产品质量保障公共服务平台，积极推进涉及安全领域的北斗基础产品及重点领域应用产品的第三方质量检测、定型及认证，规范卫星导航应用服务和运营，培育北斗品牌。逐步建立卫星导航产品检测和认证机构，强化产品采信力度，促进北斗导航产品核心竞争力的全面提升，推动北斗导航应用与国际接轨。

——建设位置数据综合服务体系。基于北斗增强系统，鼓励采取商业模式，形成门类齐全、互联互通的位置服务基础平台，为地区、行业和大众共享应用提供支撑服务。

（二）构建产业应用推进体系

——推行国家关键领域应用。在涉及国家安全和国民经济发展的关键领域，着力推进北斗系统及兼容其他卫星导航系统的技术与产品的应用，为国民经济稳定安全运行提供重要保障。

——推进行业/区域应用。推动卫星导航与国民经济各行业的深度融合，开展北斗行业示范，形成行业综合应用解决方案，促进交通运输、国土资源、防灾减灾、农林水利、测绘勘探、应急救援等行业转型升级。鼓励结合“京津冀协同发展”“长江经济带”以及智慧城市发展等国家区域发展战略需求，开展北斗区域示范，推进北斗系统市场化、规模化应用，促进北斗产业和区域经济社会发展。

——引导大众应用。面向智能手机、车载终端、穿戴式设备等大众市场，实现北斗产品小型化、低功耗、高集成，重点推动北斗兼容其他卫星导航系统的定位功能成为车载导航、智能导航的标准配置，促进在社会服务、旅游出行、弱势群体关爱、智慧城市等方面的多元化应用。

（三）构建产业创新体系

——加强基础产品研发。突破核心关键技术，开发北斗兼容其他卫星导航系统的芯片、模块、天线等基础产品，培育自主的北斗产业链。

——鼓励创新体系建设。鼓励支持卫星导航应用技术重点实验室、工程（技术）研究中心、企业技术中心等创新载体的建设和发展，加强工程实验平台和成果转化平台能力建设，扶持企业发展，加大知识产权保护力度，形成以企业为主体、产学研用相结合的技术创新体系。

——促进产业融合发展。鼓励北斗与互联网+、大数据、云计算等融合发展，支持卫星导航与移动通信、无线局域网、伪卫星、超宽带、自组织网络等信号的融合定位及创新应用，推进卫星导航与物联网、地理信息、卫星遥感/通信、移动互联网等新兴产业融合发展，推动大众创业、万众创新，大力提升产业创新能力。

五、积极促进国际合作与交流

中国将持续推动北斗系统国际化发展，积极务实开展国际合作与交流，服务“一带一路”建设，促进全球卫星导航事业发展，让北斗系统更好地服务全球、造福人类。

（一）加强与其他卫星导航系统的兼容共用

积极推动北斗系统与其他卫星导航系统在系统建设、应用等各领域开展全方位合作与交流,加强兼容与互操作,实现资源共享、优势互补、技术进步,共同提高卫星导航系统服务水平,为用户提供更加优质多样、安全可靠的服务。

(二)按照国际规则合法使用频率轨位资源

频率轨位资源是有限的、宝贵的自然资源,是卫星导航系统发展的重要基础。中国按照国际电信联盟规则,通过友好协商开展北斗系统频率轨位协调,积极参与国际电信联盟规则的研究制定及有关活动,并与有关国家合作拓展卫星导航频率资源。2000 年以来,先后与 20 余个国家、地区和国际组织,300 余个卫星网络进行了有效协调。

(三)持续推动北斗系统进入国际标准

进入国际标准是北斗系统融入国际体系的重要标志。中国高度重视并持续推动北斗系统进入国际标准化组织、行业和专业应用等国际组织。目前,积极推动北斗系统进入国际民用航空组织、国际海事组织、移动通信国际标准组织等,并鼓励企业、科研院所和高校参与卫星导航终端和应用标准的制定。2014 年 11 月,北斗系统获得国际海事组织认可。

(四)积极参与国际卫星导航领域多边事务

北斗系统作为全球卫星导航系统核心系统之一,中国积极参与卫星导航国际事务,参加联合国全球卫星导航系统国际委员会(ICG)以及有关国际组织活动,促进学术交流与合作,贡献北斗力量,推动卫星导航应用。中国高度重视并积极参加联合国工作,2012 年成功主办 ICG 第七届大会,发起国际监测与评估、应用演示与用户体验活动等倡议,促成各卫星导航系统联合发布服务世界的共同宣言;每年举办中国卫星导航学术年会,为世界卫星导航技术与应用发展发挥积极作用。

(五)大力推动卫星导航国际化应用

——加强宣传普及。持续开展“北斗行”系列宣传推广活动,推动建立北斗中心,让用户更好地了解北斗、感知北斗,已与多个国家合作建立北斗中心。成立北斗国际交流培训中心,搭建卫星导航教育培训演示平台,持续开展学历教育、暑期学校、短期培训班和研讨会等国际教育培训活动。

——推动实施国际化工程。鼓励开展国际卫星导航应用的政策、市场、法律、金融等领域的研究和咨询服务,提升国际化综合服务能力。服务“一带一路”建设,与全球有意愿的国家一起,共同建设卫星导航增强系统,提供高精度卫星导航、定位、授时服务,提升北斗系统海外服务性能,促进导航技术的国际化应用。通过构建高精度卫星导航、定位、授时服务运营服务平台,开展交通运输、大众旅游、海上应用、减灾救灾、精密农业等领域应用示范,带动大规模应用推广。

结束语

卫星导航系统是人类发展的共同财富,是提供全天候精确时空信息的空间基础设施,推动了知识技术密集、成长潜力大、综合效益好的新兴产业集群发展,成为国家安全和经济社会发展的重要支撑,日益改变着人类生产生活方式。

中国将坚定不移地实施北斗系统建设,不断提升系统性能,履行服务承诺。坚持开放合作,加强推广普及,着力促进卫星导航在全球的广泛应用,让卫星导航更好地惠及民生福祉、服务人类发展进步。

北斗卫星导航系统法治建设报告

中国卫星导航系统管理办公室

二〇二一年五月

北斗卫星导航系统(以下简称北斗系统)是国家关键基础设施,是大国重器。党和国家高度重视北斗系统法治建设(以下简称北斗法治建设),将厉行法治作为北斗系统长远发展的基本保障。北斗法治建设是北斗系统可持续发展的内在要求,是卫星导航领域深入贯彻全面依法治国基本方略的重要举措。北斗法治建设立足北斗系统发展全局,按照良法善治要求,坚持开放兼容、创新驱动、统筹推进、合作共享、注重效益、确保安全的发展原则,着力构建符合北斗系统发展规律的法律制度体系,并使其充分发挥引导、规范和保障北斗系统发展的作用,确保北斗系统在法治轨道上协调发展、融合发展、安全发展,建成世界一流卫星导航系统,满足国家安全与经济社会发展需要,为全球用户提供连续、稳定、可靠服务。

国运兴则法治兴。2020 年 11 月,中央全面依法治国工作会议首次提出并系统阐述了习近平法治思想,确立了其在全面依法治国中的指导地位。以习近平法治思想为指导,系统总结北斗法治建设的做法成效和经验启示,深度展望北斗法治建设的发展前景,对于坚定法治信念、凝聚法治力量,在新的起点上加快推进北斗法治建设,开创北斗法治建设新局面,具有重要现实意义。

一、建设成效

北斗法治建设，在国家启动北斗重大专项中应运而生，在保障北斗系统“三步走”发展战略中磨砺而成。伴随着北斗系统的快速发展，北斗法治建设也取得了明显进步。以国家宏观政策为主导、以行业和地方政策法规为主体的北斗法律制度体系已基本形成，法治实施工作深入推进，法治环境氛围日渐浓厚，法治建设对北斗系统发展的促进和保障作用日益显现。

（一）注重谋篇布局，保障系统建设

——重视战略规划设计。国家确立了北斗系统建设发展战略，为系统建设提供了宏观政策指引。2005 年《国家中长期科学和技术发展规划纲要（2006—2020 年）》将北斗系统列为科技重大专项之一，明确了发展北斗系统的战略目标，填补了国家战略空白。北斗系统发展相继纳入国家国防建设与经济建设协调发展战略、信息化发展战略、对外开放总体战略、区域发展战略、乡村振兴战略等重大战略部署，明确了北斗系统建设在国家安全和发展战略布局中的重要地位，为北斗系统发展提供了根本保障。国家战略性新兴产业发展规划、国家民用空间基础设施中长期发展规划、国家卫星导航产业中长期发展规划等宏观政策提出了北斗系统建设各阶段的目标任务，为北斗系统发展提供了方向和路径引领。

——初步建立管理体制机制。构建了由国家 20 余个部门组建的国家重大专项领导机构、牵头组织单位、责任主体部门、实施执行机构和任务承担单位构成的组织体系，以中国卫星导航系统管理办公室为核心的总体管理团队，以及由总设计师系统、专家咨询机构和技术支撑机构构成的决策咨询与技术保障体系。在国家重大专项领导机构的统一领导下，中国卫星导航系统管理办公室和各有关部门单位分工负责，形成运行顺畅、协调高效、规范有序的管理工作机制，将政产研学等多维力量有效整合，实现了管理—工程—技术的有

机融合,确保了资源、要素的优化配置和工作的顺利推进。

——推进管理规范体系建设。北斗系统建设遵循国家科技重大专项建设的基本规律和北斗系统建设的特殊规律,积极推进具有北斗特色的项目管理、质量管理、技术管理、运行管理、保密管理、经费管理、知识产权管理、国际合作与交流管理、标准化管理等制度规范的建设,形成了覆盖北斗系统建设全过程、全要素的管理规范体系,确保北斗系统建设工作依法依规有序开展,保障系统工程建设任务提前圆满完成。

(二)完善制度机制,确保安全运行

——健全运行维护机制。根据北斗系统运行维护需要,成立北斗系统安全稳定运行的组织机构,建立多方联动保障机制,完善工作责任制,压实各方责任,健全日常监管、风险管控、监测评估、精稳提升、平稳过渡等方面的制度规范,着力消除薄弱环节,增强系统可靠性,保障北斗系统安全稳定运行,持续提供优质服务,推动建设具有中国特色的北斗系统运行维护体系。

——强化安全保护规范。北斗系统是国家关键基础设施,我国有关法律法规对国家关键基础设施及相关配套设施的应用安全保护作出了原则性规定,在一些领域为卫星导航相关设备设施及应用安全,卫星导航系统基准站的建设运行、数据安全,卫星导航信号保护等事项提供了法律依据,为北斗系统稳定运行和用户使用安全提供了基本保障。承担北斗系统运行维护任务的单位依据相关法律法规,结合运行维护工作实际,细化相关标准规范,依法将安全运行维护工作落到实处。

——建立信息公开制度。建立北斗系统新闻发言人制度,举办新闻发布会,设立北斗卫星导航系统政府官方网站,及时公开发布北斗系统运行状态、服务性能等信息,并逐步健全用户反馈机制。及时发布北斗系统公开服务性能规范、接口控制文件、系统发展报告、应用服务体系等规范性文件,为全球用户高效获取北斗系统服务信息提供便利。

(三)综合联动施策,推动产业发展

——顶层设计产业发展。自北斗系统发展进入建用并举阶段以来,在国家国民经济和社会发展的五年规划和相关产业化推进的战略性文件中,对加快推进北斗系统产业化进程作出了明确部署。特别是2013年颁布的《国家卫星导航产业中长期发展规划》,对我国卫星导航产业的发展目标、主要任务、重大举措作出了全面系统的安排。2021年,全国人民代表大会批准《中华人民共和国国民经济和社会发展第十四个五年规划和2035年远景目标纲要》进一步提出实施北斗产业化重大工程,"深化北斗系统推广应用,推动北斗产业高质量发展",为新时代全面推进北斗系统产业化发展指明了方向。

——行业出台配套措施。为落实国家关于北斗系统产业化发展的规划部署,国家各有关部门结合行业和领域发展特点,在交通运输、农林渔业、水文监测、气象测报、通信授时、电力调度、救灾减灾、公共安全等行业和领域相继出台了一大批促进北斗系统产业化应用推广的政策法规,使北斗系统得到广泛的普及应用,产生了显著的经济和社会效益。截止2021年4月,在交通运输行业,国家有关部门出台涉及北斗系统产业化应用推广的政策法规共计85件,使交通运输行业成为我国推进北斗系统产业化应用发展最快的行业之一;在测绘地理信息领域,国家有关部门出台涉及北斗系统产业化应用推广的政策法规共计27件,显著提升了测绘地理信息领域北斗系统产业化应用推广的水平。

——地方推出落地举措。为促进北斗系统在地方的落地应用,各省、自治区、直辖市结合本地区位优势和区域发展战略,出台了大量涉及北斗系统应用的政策法规,据初步统计,截止2021年4月,各地出台的地方性政策法规达到871件。各地政策定位准确,特色鲜明,京津冀地区依托首都资源优势,发挥政策示范功能;长三角地区利用资金与市场优势,推动一体化发展;珠三角地区发挥区位市场优势,产值居于前列;华中鄂豫湘地区发挥科研和人才优势,形

成了产业集聚效应;西部川陕渝地区,依托航空航天工业基础雄厚的优势,促进了高新技术的创新发展。

(四)加强涉外法治,促进全球合作

——对外发布政策主张。2016年,中国政府发布《中国北斗卫星导航系统》白皮书,介绍了北斗系统建设历程、发展目标与原则,阐释了中国政府持续建设和发展北斗系统、提供可靠安全服务的政策主张,展示了北斗系统的阶段进展成就和广阔发展前景,回应了国际社会的广泛关切。白皮书的发布,体现了党和国家对北斗系统的高度重视,向国际社会表明了中国政府发展建设北斗系统的决心和信心,展示了北斗系统公开、透明、开放的自信形象,表达了北斗系统愿与世界其他卫星导航系统并肩携手,共同服务全球、造福人类的积极意愿,为构建人类命运共同体发挥重要作用。积极承担卫星导航大国责任,分别于2012年、2018年举办联合国全球卫星导航系统国际委员会(ICG)大会并倡导建立卫星导航领域公正合理的国际规则;于2019年在第14届ICG大会上介绍中国卫星导航法制建设主要做法,讲好中国故事、贡献中国方案、发出中国声音,倡导各国加强卫星导航法治合作,共同研究法律问题,得到各方积极响应,为中国积极参与卫星导航国际规则制定工作,探索积累了经验。

——推动兼容合作共享。我国分别同美国、俄罗斯就北斗系统与GPS、格洛纳斯系统(GLONASS)的系统间兼容与互操作签订双边协议,与欧盟持续推动北斗系统与伽利略系统(Galileo)的兼容与互操作协调,实现资源共享、优势互补、技术进步,共同提高卫星导航系统服务水平,为用户提供更加优质多样、安全可靠的定位导航授时服务。推动与其他国家和地区共享北斗系统发展成果,签署中俄、中阿(盟)、中阿(根廷)、中巴、中沙、中伊(拉克)等合作协定协议,建立中俄卫星导航重大战略合作项目委员会、中阿北斗合作论坛等常态化合作机制。

——加快进入国际标准体系。中国高度重视并持续推动北斗系统进入国际民用航空组织(ICAO)、国际海事组织(IMO)、国际搜救卫星组织(COSPAS—SARSAT)、移动通信国际标准组织(3GPP)、国际电工委员会(IEC)等行业和专业应用国际组织标准体系,获得国际组织认可,解决北斗系统在全球应用的标准规则问题。目前,多项支持北斗系统发展的国际标准发布。国际民航领域,北斗三号系统189项性能指标技术验证全部通过,进入国际民航组织标准工作的最核心和最主要任务圆满完成;国际海事领域,北斗系统成功加入世界无线电卫星导航系统,获得海事领域应用的国际合法地位。

(五)推动北斗专项立法,提升法治整体水平

——积极稳妥推进北斗专项立法。2016年,《中华人民共和国卫星导航条例》列入国务院立法工作计划。在条例起草部门的统一组织下,条例起草工作稳步有序推进,共修改草案40余稿,组织召开院士座谈会、法律专家座谈会等各类会议100余次,征求各部门单位、社会各方意见建议500余条,吸收采纳470余条,研究相关国外法律法规百余部、国内政策法规千余部。《中华人民共和国卫星导航条例》将确立系统建设、运行服务、应用推广、安全保障、国际合作等方面的基本制度,彰显了中国以法治来保障北斗系统可持续发展的信心和决心。

——不断提升法治综合保障能力。北斗专项立法深入推进,有力带动了各项法治保障工作。有组织有计划地开展法治研究工作,针对卫星导航领导管理体制、短报文服务、高精度应用及产业化发展、应用安全保护、国际化发展等一系列重大涉法问题进行专题研究,取得了一批重要研究成果。积极回应社会和群众对北斗系统的重大关切,调查研究发展中出现的产业盲目发展、滥用北斗名称、短报文服务管理滞后等现象,从法理上释疑解惑,提出加强法治工作的建议,推动了重大现实问题的解决。多名全国人大代表、全国政协委员关注北斗法治建设,积极为国家加强北斗法治建设献言献策。通过主流媒体

介绍北斗法治工作的做法、经验，展示北斗法治建设的成果，关心关注北斗法治建设的社会氛围逐渐形成。

——推动构建中国特色北斗法治体系。根据北斗系统的实际需要和发展需求，全方位、多角度推进北斗法律制度建设。推进嵌入式立法，交通、测绘等多个领域涉及卫星导航的法律逐步更新。涉及卫星导航的法规和规章陆续颁布。其中涉及卫星导航的行政法规 12 件，地方性法规 97 件，集中于道路交通、民航、测绘地理等行业和无线电管理方面。国务院有关部门发布涉及卫星导航的规章 49 件，其中交通运输部发布的规章数量最多。全国共 22 个省市、自治区共发布涉及卫星导航的规章 44 件，上海、山东、广东发布数量最多。在着力加强北斗法律制度体系建设的同时，积极推进北斗法治实施体系、法治监督体系、法治保障体系，全方位构建中国特色北斗法治体系。

二、发展启示

2020 年 7 月 31 日，习近平总书记亲自宣布北斗三号全球卫星导航系统正式开通，北斗迈进全球服务新时代。北斗系统“三步走”发展战略的圆满完成，得益于党的集中统一领导，得益于新型举国体制巨大优势，得益于中国特色社会主义制度的根本保障，得益于北斗法治建设的不断推进。北斗法治建设成绩来之不易，启示弥足珍贵。

（一）坚持发挥举国之力建设北斗制度优势

北斗系统是国家重大科技工程，推进这项工程，需要调集各方力量、汇集各类资源、合力攻坚克难。只有充分发挥我国社会主义制度集中力量办大事的政治优势，坚持以法治为重要依托，在战略规划、宏观政策、法律规范和领导管理体制机制上对北斗系统发展作出制度性设计和安排，才能最大限度地凝聚各方共识、协调各方行动、统配各类资源，将制度优势转换为奋斗伟力，战胜前进道路上的一切困难，高效率、高质量完成北斗系统各阶段发展任务，实现北斗系统服务世界、造福人类的伟业。

(二)坚持从党和国家事业全局体系化推进

北斗系统是国家关键基础设施,涉及国家安全关乎国计民生,体现综合国力,北斗法治建设应当前瞻谋划、整体设计,在国家战略的统筹下体系化推进。既要坚持站在党和国家事业发展全局的高度,加强北斗法治建设的顶层设计,加快推进《中华人民共和国卫星导航条例》出台,充分发挥法律的引导、规范和保障作用,确保北斗系统稳定运行、推动北斗系统产业化发展、坚定全球用户使用北斗的信心;又要注重完善配套制度,抓好落地实施。既要建立健全法律制度体系,促进体系建设高质量发展;又要下大力做好法律制度的实施、监督和保障工作。

(三)坚持服务于北斗系统建设发展的需要

北斗是庞大复杂的系统工程,北斗法治建设必须遵循北斗系统建设发展规律和特点,发挥对北斗系统发展的引导、规范和保障作用。在北斗法律制度建设上,突出创新导向,激励创新、保护创新,采取特殊政策推动北斗系统关键核心技术产品的创新突破;促进融合发展,建立多部门共建、共管、共享的协调机制,推动“北斗+”与“+北斗”的融合,形成和完善北斗应用新业态;加强安全监管保障,以制度筑牢安全底线、防范安全风险。遵循北斗系统工作布局,在制度设计上,既强化布局各工作板块的专项功能,又确保提升布局发展的总体效能,形成了“总分结合、功能互补、整体联动”的政策法规制度模式。

(四)坚持统筹行业地方着眼特色联合推进

北斗应用与产业化迅速发展,较为快速地形成了基础产品、应用终端、应用系统和运营服务构成的产业链。这得益于坚持统筹行业部门和地方政府,以服务国家总体战略为目标,在北斗应用示范项目的带动下,立足行业特色和地区优势,发布卫星导航相关政策法规,联合组织推动北斗应用推广和产业发展,使行业部门和地方政府的力量得以充分发挥,形成制度合力。

(五)坚持国内规则与国际规则的相互协调

北斗系统是中国贡献给世界的全球公共服务产品。北斗法治建设需要坚持统筹推进国内法治和涉外法治,在涉及卫星导航相关法律法规制定、修订过程中,始终坚持与国际规则的有效衔接,为全球卫星导航系统的兼容发展提供公平的法治环境。坚持运用法治方式处理卫星导航国际事务,积极主动地参与卫星导航国际规则制定,与世界各国共享北斗系统建设发展成果。

(六)坚持破解难题开辟北斗法治新境界

北斗法治建设是在不断破解北斗系统发展面临的矛盾和问题中开辟前进道路。特别是在重大难点问题上的突破,不仅有力地促进北斗系统的发展,而且会使北斗法治建设别开生面、充满活力。我国涉及卫星导航的法律法规规章200余件,但缺少一部专门规范北斗系统的基本法规,这是制约北斗法治建设的突出问题,北斗法治建设将《中华人民共和国卫星导航条例》的制定作为重要抓手,在解决体制性障碍、结构性矛盾、政策性问题上推出了一系列举措,条例草案修改完善并趋于成熟的过程,是对北斗法治建设规律认识不断深化的过程,也是促进北斗法治的各项工作创新发展的过程,更为北斗法治建设开辟了更为广阔的发展前景。

三、前景展望

奉法者强则国强。坚持以习近平法治思想为指导,立足北斗系统发展全局,体系化推进北斗法治建设,保障北斗系统在法治轨道上长远健康发展,谱写新时代北斗法治建设新篇章。一流北斗必然是法治北斗,北斗法治必将护航中国北斗走向世界。

（一）进一步推动北斗法治理念深入人心

随着习近平法治思想在全社会的深入贯彻落实，随着全面依法治国基本方略的不断推进，北斗法治建设跨入新时代、开启新征程，依法建设北斗、发展北斗、保障北斗的法治北斗理念将贯穿北斗系统建设发展的全过程，将融入到北斗系统工作的方方面面。

（二）进一步健全北斗法律制度体系

北斗系统越向前发展，越是现代化产业化国际化，越是要法治化。北斗系统发展迈入综合定位导航授时体系建设的新阶段，新形势、新需求对北斗法律制度建设提出了新要求。全面推进法治中国建设将加快国家安全领域、新兴领域、涉外领域、信息技术领域等重点领域立法工作，对北斗法律制度建设提出了新任务。随着北斗法律制度建设在各位阶、各领域、各环节的有序展开，将逐步形成以国家综合定位导航授时法、卫星导航条例为主导，结构合理、要素齐全、内容完备的中国特色北斗法律制度体系。

（三）进一步强化北斗产业化的法治保障

随着“双循环”新发展格局、“新基建”等重点战略的全面推进，将有力促进北斗产业与其他产业的深度融合和市场拓展，北斗产业发展面临前所未有的机遇。北斗系统的法治建设将适应北斗产业化转型发展的需要，着力规范公平竞争的市场秩序和营商环境，增加各类主体参与和发展北斗产业的信心和活力，加快建立符合市场规则的产业发展模式和企业运营模式，积极培育产业发展的新动能、新业态，提升北斗产业核心竞争力，在更广范围、更深程度、更高层次上发挥法律制度对北斗产业转型的保障作用。

(四)进一步营造卫星导航国际法治环境

北斗系统全球服务的开通,将有利促进北斗系统与其他卫星导航系统之间的兼容发展,推动在相关国际领域开展全方位的合作与交流,在全球更多国家和地区广泛应用,我国在参与全球卫星导航治理中扮演更加重要的角色。北斗法治建设将发挥更大的作用,重点在建设和运用国际双边多边机制、推动北斗系统全面进入国际标准、运用国际规则使用频率轨位等资源、开展国际卫星导航法治交流与合作等方面展示和体现法治力量,构建公平公正公开的卫星导航国际秩序,营造有利于北斗国际化发展的法治环境,让北斗系统更好地服务人类发展进步。

(五)进一步提升北斗法治建设能力

随着北斗系统建设法治化的进程加快推进,北斗法治理论创新能力、实践开拓能力将显著提升。运用法治思维和法治方式引导、规范和保障北斗系统发展的能力明显增强,北斗系统的治理能力将进一步提升,从而不断满足北斗系统建设的新需求,不断解决北斗系统发展中遇到的新问题,不断应对北斗系统发展中的新挑战,全面彰显北斗法治保障的新成效。

北斗法治建设大事记

（1994—2022 年）

1994 年

• 1994 年，北斗一号系统工程立项。

1999 年

• 1999 年 7 月，原国家发展计划委员会、科学技术部联合印发《关于印发当前优先发展的高技术产业化重点领域指南（1999 年度）的通知》，将“卫星导航定位系统”列为高科技领域目录以及卫星通信领域的产业化重点。

2000 年

• 2000 年，北斗一号系统建成，向中国提供服务，我国成为继美、俄之后第三个拥有自主卫星导航系统的国家。

2004 年

• 2004 年，北斗二号卫星工程立项。

2005 年

• 2005 年 12 月，国务院发布《国家中长期科学和技术发展规划纲要

(2006—2020 年)》,将北斗系统列为十六大专项之一。

•2005 年 8 月,全国人民代表大会颁布《中华人民共和国治安管理处罚法》,规定影响使用中的航空器的导航系统正常功能的行为的违法性,明确相应处罚措施。

2009 年

•2009 年 12 月,北斗三号工程立项。

2010 年

•2010 年 7 月,财政部、科技部、国家发展改革委、海关总署、国家税务总局联合制定《科技重大专项进口税收政策暂行规定》,为包括北斗系统工程在内的国家重大专项科技专项提供税收优惠政策。

2011 年

•2011 年 3 月,第十一届全国人大第四次会议批准《中华人民共和国国民经济和社会发展第十二个五年规划纲要》,明确将建设导航、遥感、通信等卫星组成的空间基础设施框架作为战略性新兴产业创新发展工程。

2012 年

•2012 年 4 月,国务院发布《校车安全管理条例》,对校车应当配备具卫星定位装置做出了相关要求。

•2012 年 4 月,国家发展改革委办公厅、财政部办公厅印发《关于组织实施卫星及应用产业发展专项的通知》,对专项重点支持卫星导航应用作出规定。

•2012 年 7 月,国务院发布《关于加强道路交通安全工作的意见》,对运输车辆动态监管通过政策文件的形式进行了强调。

•2012 年 7 月，国务院印发《“十二五”国家战略性新兴产业发展规划》，将北斗导航科技重大专项列为卫星及应用产业发展的主要任务，同时对北斗兼容型导航终端的发展做出指导。

•2012 年 7 月，国务院发布《国务院关于促进民航业发展的若干意见》，将加强导航能力建设作为建设现代化空管系统的主要任务，推动北斗卫星系统在民航领域的应用。

•2012 年 8 月，科学技术部印发《科学技术部关于印发导航与位置服务科技发展“十二五”专项规划的通知》，对加快推进北斗卫星导航系统的应用与产业化，增强我国导航与位置服务产业自主创新能力做出规划。

•2012 年，北斗二号系统建成，向亚太地区提供服务。

2013 年

•2013 年 8 月，国家林业局印发《中国智慧林业发展指导意见》，将基于卫星导航等先进技术构建的林业物联网建设工程作为智慧林业重点工程予以推进。

•2013 年 9 月，国务院办公厅发布《国家卫星导航产业中长期发展规划》，统筹部署卫星导航产业 2020 年前发展目标、建设重点、推荐举措等。

2014 年

•2014 年 1 月，国务院办公厅印发《关于促进地理信息产业发展的意见》，强调结合北斗卫星导航产业的发展，提升导航电子地图、互联网地图等基于位置的服务能力。

•2014 年 3 月，国家测绘地理信息局印发《关于北斗卫星导航系统推广应用的若干意见》，从强化意识、加强统筹协调、加快基础设施建设、加强科技创新、支持相关企业发展、推动行业应用、优化应用市场环境七个方面，提出加快北斗民用领域的推广应用和产业化发展。

• 2014 年 8 月，国务院发布《关于加快发展生产性服务业促进产业结构调整升级的指导意见》，要求重点推进北斗导航在物流智能化管理方面的应用。

• 2014 年 10 月，国务院发布《关于印发物流业发展中长期规划（2014—2020 年）的通知》指导加强和推动北斗导航在物流领域多个环节的应用。

2015 年

• 2015 年 5 月，中俄双方在莫斯科签署了《北斗和格洛纳斯系统兼容与互操作联合声明》。

• 2015 年 5 月，国务院印发《中国制造 2025》，要求加快推进国家民用空间基础设施建设，对形成长期持续稳定的卫星导航空间信息服务能力做出了要求。

• 2015 年 7 月，国务院印发《关于积极推进"互联网 +"行动的指导意见》，要求增强北斗卫星全球服务能力，构建天地一体化互联网络。

• 2015 年 12 月，中俄双方在北京签署了《和平利用北斗系统和格洛纳斯系统开展导航技术应用合作的联合声明》。

• 2015 年 12 月，《国务院办公厅关于印发国家标准化体系建设发展规划（2016—2020 年）的通知》指出加强北斗导航设备与系统的标准化工作，服务和引领产业发展，要围绕卫星导航等领域，研究制定关键技术和共性基础标准。

2016 年

• 2016 年 1 月，中国政府制定的首份对阿拉伯国家政策文件《中国对阿拉伯国家政策文件》提出推动北斗系统落地阿拉伯国家，在阿拉伯国家铁路、公路、电力、通信等基础设施建设方面使用北斗系统。

• 2016 年 3 月，国务院办公厅下发《国务院 2016 年立法工作计划》，《中华人民共和国卫星导航条例》列为“有关实施国家安全战略维护国家安全的立法项目”之一，由国务院、中央军委发布，起草单位为军委装备发展部。

• 2016 年 5 月，中共中央、国务院发布《国家创新驱动发展战略纲要》。作为实施创新驱动发展战略的战略任务之一，要求推进卫星导航和位置服务技术开发应用，完善应用创新链和产业链。

• 2016 年 6 月，国务院新闻办发布《中国北斗卫星导航系统》，首次以政府白皮书形式向世界系统诠释了北斗系统的建设理念政策主张发展战略、基本组成、技术特色等。

• 2016 年 7 月，中共中央办公厅、国务院办公厅印发《国家信息化发展战略纲要》，指出增强空间设施能力，统筹北斗卫星导航系统建设和应用，推进北斗产业化和走出去进程，将北斗卫星导航系统纳入天地一体化信息网络战略。

• 2016 年 8 月，国务院印发《“十三五”国家科技创新规划》，对发展新一代空天系统技术和临近空间技术，泛在精确导航与位置服务等核心关键技术研究及示范应用做出要求，为“十三五”期间推动卫星导航事业创新驱动发展提供了规划引领。

• 2016 年 9 月，农业部印发《“十三五”全国农业农村信息化发展规划》，从与种植业、渔业的技术应用以及科技基础设施建设方面提出加快应用北斗卫星导航系统的推进意见。

• 2016 年 11 月，国务院印发《“十三五”国家战略性新兴产业发展规划》，就全面推进北斗系统国家科技重大专项建设，按期形成高精度全球服务能力做出规划部署。

• 2016 年 11 月，装备发展部组织召开《中华人民共和国卫星导航条例》起草专家组成立会议暨起草工作组第一次会议。

• 2016 年 12 月，国务院常务会议审议通过《“十三五”国家信息化规划》，将北斗系统建设应用行动作为信息化发展的十二个优先行动之一。

• 2016 年 12 月，卫星导航条例起草工作组拟制《中华人民共和国卫星导航条例》初稿。

2017 年

•2017 年 1 月，农业部印发《“十三五”农业科技发展规划》，以指导“十三五”农业科学技术事业发展，并鼓励北斗卫星精准定位、自动导航等在农机装备上的探索应用。

•2017 年 1 月，中国卫星导航系统管理办公室通过北斗官方网站、官方微信公众号征求社会各界对卫星导航立法的意见建议。

•2017 年 4 月，第十二届全国人民代表大会常务委员会第二十七次会议第二次修订《中华人民共和国测绘法》新增规范卫星导航定位基准站建设和应用条款。

•2017 年 4 月，卫星导航条例起草工作组举办法学专家研讨会。

•2017 年 5 月，中国卫星导航系统管理办公室与阿拉伯信息通信技术组织签署《第一届中阿北斗合作论坛声明》。

•2017 年 11 月，交通运输部与中央军委装备发展部联合印发《北斗卫星导航系统交通运输行业应用专项规划（公开版）》。

•2017 年 11 月，中美双方签署《北斗与 GPS 信号兼容与互操作联合声明》签署标志着两大卫星导航系统将实现民用信号互操作。

•2017 年 12 月，卫星导航条例起草工作组召开卫星导航立法院士专家座谈会，北斗系统高级顾问孙家栋等 10 位院士参加。

2018 年

•2018 年 5 月，卫星导航条例起草工作组在第九届中国卫星导航学术年会期间组织召开卫星导航条例企业行业座谈会。

•2018 年 7 月，《中华人民共和国卫星导航条例（草案）》第一次书面征求国务院、军队单位有关部门的意见。

•2018 年 11 月，中俄两方签署《中华人民共和国政府和俄罗斯联邦政府关于和平使用北斗和格洛纳斯全球卫星导航系统的合作协定》。

2019 年

•2019 年 2 月，中共中央、国务院印发《粤港澳大湾区发展规划纲要》，要求依托香港、澳门、广州、深圳等中心城市的科研资源优势和高新技术产业基础，培育北斗卫星应用重大产业项目。

•2019 年 5 月，中共中央办公厅、国务院办公厅印发了《数字乡村发展战略纲要》，将北斗系统应用纳入乡村振兴战略布局。

•2019 年 9 月，中共中央、国务院印发《交通强国建设纲要》，明确推进北斗卫星导航系统应用在发展智慧交通的重要作用。

•2019 年 10 月 – 11 月，《中华人民共和国卫星导航条例（草案）》第二次书面征求国务院、军队单位有关部门的意见。

•2019 年 11 月，民航局发布《中国民航北斗卫星导航系统应用实施路线图》，提出要大力推进北斗系统应用，积极构建以北斗为核心的全球卫星导航系统（GNSS）技术应用体系的总体实施路径，促进民航高质量发展。

•2019 年 12 月，中共中央、国务院印发《长江三角洲区域一体化发展规划纲要》，支持北斗导航系统的率先应用。

•2019 年 12 月，中国代表在联合国全球卫星导航国际委员会（ICG）第十四届会议上作《北斗卫星导航系统更新报告》《中国卫星导航法制建设报告》。

2020 年

•2020 年 7 月，习近平总书记向世界宣布北斗三号全球卫星导航系统正式开通，标志着北斗系统进入全球化发展新阶段。

•2020 年 8 月，交通运输部印发《交通运输部关于推动交通运输领域新型基础设施建设的指导意见》，提出 2035 年北斗时空信息服务在交通运输行业深度覆盖的发展目标。

•2020 年 9 月，北京航空航天大学成立北斗政策法规研究中心。

•2020 年 12 月，第十三届全国人民代表大会常务委员会第二十四次会议修订《中华人民共和国国防法》进一步明确导航类国防设施的法律地位。

•2020 年 2 月，国家发展改革委、中央网信办、科技部等 11 部门联合印发《智能汽车创新发展战略》，将北斗系统纳入行业发展规划中。

2021 年

•2021 年 2 月，中共中央、国务院印发《国家综合立体交通网规划纲要》，将北斗系统应用纳入了国家综合立体交通网建设发展。

•2021 年 3 月，十三届全国人大四次会议通过的《中华人民共和国国民经济和社会发展第十四个五年规划和 2035 年远景目标纲要》提出实施北斗产业化重大工程。

•2021 年 5 月，中国卫星导航系统管理办公室发布《北斗卫星导航系统法治建设报告》。该报告是第一部卫星导航领域关于法治的专题报告。

•2021 年 5 月，首届北斗法治论坛在江西南昌召开。

•2021 年 8 月，国家市场监督管理总局印发《关于开展北斗基础产品认证工作的实施意见》，在北斗行业建立实施质量认证制度。

•2021 年 11 月，《中华人民共和国卫星导航条例（草案）》第三次书面征求国务院、军队有关单位（部门）的意见。

•2021 年 11 月，交通运输部会同国家标准化管理委员会、国家铁路局、中国民用航空局和国家邮政局联合印发《交通运输标准化“十四五”发展规划》，提出加快北斗系统应用等方面关键技术和共性基础标准制修订。

•2021 年 12 月，中俄双方签署《2021 至 2025 年中俄卫星导航领域合作路线图》。

•2021 年 12 月，国务院发布《国务院关于印发“十四五”旅游业发展规划的通知》，提出加快推动大数据、云计算、物联网、区块链及5G、北斗系统等新技术在旅游领域的应用普及。

• 2021年12月，国务院发布《国务院关于印发"十四五"国家应急体系规划的通知》，提出开展北斗系统应急管理能力示范创建。

2022年

• 2022年1月，工业和信息化部印发《工业和信息化部关于大众消费领域北斗推广应用的若干意见》。

• 2022年2月，中国卫星导航系统管理办公室发布《北斗卫星导航标准体系(2.0版)》(以下简称"2.0版")，面向未来三到五年我国卫星导航领域对标准化工作的需求，为北斗领域标准制修订工作提供了重要参考依据。

• 2022年5月，国务院办公厅发布《国务院办公厅关于印发"十四五"现代物流发展规划的通知》，提出深度应用第五代移动通信(5G)、北斗、移动互联网、大数据、人工智能等技术，分类推动物流基础设施改造升级。

• 2022年7月，国家市场监管总局发布《"十四五"认证认可检验检测发展规划》，提出"十四五"期间将推动北斗基础产品认证的拓展应用。

• 2022年8月，农业农村部办公厅发布《农业农村部办公厅关于印发〈农业现代化示范区数字化建设指南〉的通知》，提出鼓励北斗地面配套设施建设，加快推广北斗卫星导航系统在农业生产领域中的应用。

• 2022年11月，国务院新闻办公室发布《新时代的中国北斗》白皮书。

做法治北斗追梦人

（代后记）

本书成稿之时，正值北斗全球服务开通一周年。三年前，北斗三号系统最后一颗全球组网卫星成功发射，习总书记向世界宣布北斗三号全球卫星导航系统正式开通。为北斗成就所激励，历经反复修改，书稿终于付梓出版。

20 世纪 90 年代，为了摆脱时空信息受制于人的被动局面，党中央、国务院、中央军委决策建设中国人自己的卫星导航系统。一代代北斗人披荆斩棘，克服了各种难以想象的艰难险阻，在陌生的领域从无到有、白手起家。仅用26年，就走完了其他卫星导航系统半个世纪走过的历程，成为世界上第三个独立拥有全球卫星导航系统的国家，终于把国家时空信息安全牢牢掌握在了自己手中。如今的北斗，已成为战略性新型基础设施，成为中国向世界贡献的全球公共服务产品，成为彰显我国综合实力的重要标志，在世界上发挥着重大影响力。

北斗系统建设发展的过程，也是不断探索实践卫星导航法治工作的过程。2016 年，《中华人民共和国卫星导航条例》列入国务院立法工作计划，卫星导航立法正式启动。这是我国卫星导航法治建设的里程碑。出台专门的卫星导航法律法规，既是北斗系统发展到一定阶段的客观要求，也是我国参与卫星导航国际竞争与合作的迫切需要。孙家栋院士提出“法治护航北斗”的殷切希望,北斗卫星导航系统工程总设计师、中国工程院院士杨长风担任条例起草工作组组长。

顺应中国卫星导航事业发展要求,我们北京航空航天大学北斗政策法规研究中心开始了卫星导航立法研究工作。然而,当时国内卫星导航的法学研究尚处于空白,国内法学界对卫星导航还涉之不深,对于法学研究者而言,“北斗系统”“卫星导航”还是较陌生的术语,卫星导航立法研究任务艰巨。由于当时世界上仅有美、俄和欧拥有全球卫星导航系统,我们便将法学研究的参考借鉴对象聚焦于这些国家和地区。

撰写“卫星导航法治文库”的想法,也就在这一研究过程中萌生。通过研究,我们认识到,法治建设与卫星导航建设密不可分、相生相长。美国 1994 年全面建成了 GPS,1996 年出台了《美国全球定位系统政策》总统令,目前已形成相对完善的卫星导航法律制度体系;俄罗斯 1996 年投入使用格洛纳斯系统,1999 年年初出台专门的总统令,并制定了多部卫星导航相关法律;欧盟自伽利略系统开发建设之初,制定了规范卫星导航活动的法律。我们深切感受到,我国卫星导航法治建设应当与卫星导航大国的地位相匹配,“中国的北斗,世界的北斗,一流的北斗”,必然也是“法治的北斗”。同时深刻地意识到,未来,卫星导航领域的大国合作竞争,不仅是技术之争、服务之争、应用之争,还体现为制度之争、治理权之争、软实力之争。我感受到一种深深的使命感,那就是,作为北斗法治工作者,我们应主动作为、积极探索,让更多人开展卫星导航法治研究、参与卫星导航法治工作,为卫星导航的法治建设作贡献。

撰写书稿的过程,得到杨长风总设计师的有力支持和指导,正是这种充分的信任、严格的要求和热情的鼓励,给了我们撰写这套文库的动力和勇气。卫星导航法律制度研究,具有很强的跨专业和跨领域性,要感谢来自中国法学会、中国卫星导航系统管理办公室、北京航空航天大学、国防大学、西北政法大学等单位的专家学者的专业帮助,特别感谢王其江、陶智、王浚、杨军等院士和领导对我们工作的支持,特别感谢蒋崇文、陈谷仓、傅达林、毛国辉、杜英杰、杨健、李作虎、王慧林、郭树人、高为广、卢鋆、舒洪水、闫欢、李立京、胡象明、蔡劲松、陈文博等专家对该套文库撰写提供的专业帮助，特别感谢李小历为本书撰写付出的心血和努力，特别感谢王黎红、丁向荣、刘宇等有关部门的领导和同志对我们的热情鼓励和悉心指导帮带。北京航空航天大学北斗政策法规研究中心是一个团结战斗的集体。北京航空航天大学北斗政策法规研究中心助理研究员杨静帆、张文清、于辰承担了全书的资料搜集、整理统稿和校对工作；还有北京航空航天大学北斗政策法规研究中心硕士研究生牛琳琳、樊小萌、闻玉颖，实习生北京理工大学研究生魏宇辰，他们参与了本书部分的资料收集、整理和校对工作。最后，感谢法律出版社薛晗、慕雪丹、章雯，如非得益于她们的认真、专业和细致，本书亦难以如期呈现。

本书所有涉及的政策法规文件均通过官方网站等公开渠道获取。“卫星导航法治文库”只是开启了我们关于卫星导航法律制度研究的一个窗口，很多问题还有待更加深入的研究讨论。受限于能力水平，缺陷和不足一定存在，敬请各位同仁批评指正！

仰望星空，北斗璀璨；展望未来，征途漫漫。千淘万漉虽辛苦，吹尽狂沙始到金。道阻且长，行则将至；行而不辍，未来可期。我们将不懈努力！

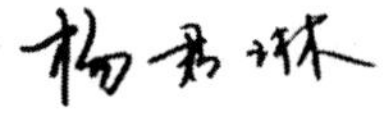

2023 年 10 月